C000282057

Apprendrais-tu à un poisson à grimper à un arbre?

Une manière d'être différente avec les enfants
étiquetés TDA, TDAH, TOC et autistes

ACCESS CONSCIOUSNESS PUBLISHING

Apprendrais-tu à un poisson à grimper à un arbre ?
Une manière d'être différente avec les enfants étiquetés TDA, TDAH,
TOC et autistes

Version anglaise : Would You Teach a Fish to Climb a Tree?
A Different Take on Kids with ADD, ADHD, OCD, and Autism

ISBN : 978-1-63493-307-0

Conception graphique : Karin Kinsey

Publié par Access Consciousness Publishing, LLC
www.accessconsciousnesspublishing.com
Imprimé aux États-Unis d'Amérique
Impression internationale au Royaume-Uni et en Australie

Traduction: Katioucha Zakhanevitch

Première édition

Apprendrais-tu à un poisson à grimper à un arbre ?

Une manière d'être différente avec les enfants
étiquetés TDA, TDAH, TOC et autistes

Par Anne Maxwell, LCSW,
Gary M. Douglas, et le Dr Dain Heer

Tout le monde est un génie. Mais si tu juges un poisson sur sa capacité à grimper à un arbre, il vivra toute sa vie en croyant être stupide.

~Albert Einstein

Gratitude

Un immense merci à Jill McCormick de m'avoir inspirée à écrire ce livre et pour ses nombreuses contributions qui l'ont rendu possible.

Et à tous les enfants qui ont participé à nos classes. Un merci tout spécial à vous de nous montrer le cadeau que vous êtes, comment vous aider et comment nous pourrions être capables d'avoir ce que vous avez.

1

Un mot sur les étiquettes

Ne définissez pas ces enfants par leurs étiquettes.
Cela vous empêcherait de recevoir ce qu'ils ont à vous offrir. Posez plutôt
une question : « Quel est le cadeau qu'ils ont que je ne reçois pas ? »

~ *Gary Douglas*

Anne :

J'ai vu de plus en plus clairement au fil des années durant lesquelles j'ai travaillé avec les enfants et les familles qu'il y a certaines « cultures » de pensée ou attitudes par rapport à la façon dont les gens, et en particulier les enfants, devraient fonctionner. Ceux qui ne fonctionnent pas selon les règles et réglementations en vigueur autour d'eux sont étiquetés par les partisans et défenseurs de ces « cultures ». C'est une tendance que l'on observe souvent dans les communautés éducatives et médicales.

On conclut si souvent qu'il faut apprendre aux enfants « qui ne rentrent pas dans le cadre » à se comporter de façon à pouvoir fonctionner comme s'ils étaient « normaux », « moyens » et comme tout le monde. Le problème est qu'ils ne sont *ni normaux ni moyens*. De mon point de vue, en leur demandant d'être normaux et moyens, nous faisons deux choses : nous leur disons qu'il y a quelque chose qui ne va pas chez eux et nous leur demandons de devenir quelqu'un qu'ils ne sont pas.

Les étiquettes évoquent des images, des réponses et des définitions et on ne peut alors rien envisager qui ne rentre pas dans le confinement des étiquettes. Autrement dit, les étiquettes définissent, et une fois l'enfant étiqueté, il le reste pour toujours! Certaines des étiquettes les plus communément utilisées sont l'autisme, le TOC, le TDA et le TDAH. Au sein de la communauté médicale, tous ces diagnostics sont décrits selon des intensités variables, de légères à sévères.

Les troubles du spectre autistique. Il existe un groupe de diagnostics en santé mentale qui sont repris dans la catégorie générique des troubles du spectre de l'autisme (TSA). On y retrouve notamment le Trouble autistique, le Syndrome d'Asperger et le Trouble envahissant du développement (TED). Ces diagnostics tentent de décrire une variété de symptômes, compétences et difficultés que ces personnes ont pour fonctionner dans cette réalité. On fait parfois référence aux personnes qui ont reçu ce genre diagnostic comme étant «dans le spectre». Elles fonctionnent différemment des personnes dites normales en termes de communication, d'interactions sociales et de relations. Leurs comportements tendent à être répétitifs et peuvent sembler «singuliers», et la sévérité de leurs symptômes peut aller de personnes hyper fonctionnelles à des individus qui ne sont pas capables de parler ou de fonctionner dans cette réalité.

Le trouble obsessionnel compulsif, ou TOC, est un diagnostic qui décrit des schémas de pensée et des comportements récurrents et persistants qui sont répétitifs et ritualisés, causant suffisamment de détresse pour interférer avec le quotidien.

Il y a ensuite le **Trouble de l'attention déficitaire**, ou TDA et le **Trouble de l'attention déficitaire et hyperactivité**, ou TDAH. Les personnes qui ont reçu ces diagnostics ont tendance à avoir du mal à maintenir leur attention sur une seule chose; elles semblent ne pas écouter et sont facilement distraites. Les personnes avec un TDAH ont tendance à être extrêmement actives. Elles sont souvent incapables de rester assises, elles s'agitent et gigotent sur leur siège, elles parlent excessivement, sortent impulsivement leurs réponses et interrompent.

Le TDA, TDAH, les TOC et l'autisme ne sont que quelques-unes des étiquettes qui «condamnent» l'enfant à être considéré d'une certaine façon. On utilise ces étiquettes pour décrire des «incapacités» et les enfants à qui l'on a collé ce diagnostic sont considérés comme «*incapacités*» ou «handicapés». Et il ne semble pas qu'il y ait de place pour une autre vision de ces enfants une fois que ce jugement a été posé.

Je suis consciente de combien cela peut être désespérant pour ceux qui ne correspondent pas à la norme culturelle et qui sont étiquetés et catégorisés comme handicapés, inadaptés ou dysfonctionnels. Ceci s'applique aussi aux parents de ces enfants qui aimeraient tant que leurs enfants soient heureux et réussissent dans la vie.

Pourtant, on lit de plus en plus souvent d'histoires dans la presse populaire sur des enfants qui avaient été diagnostiqués autistes très tôt dans leur vie et dont on avait dit aux parents qu'ils ne pourraient jamais lire, parler ou interagir socialement. Ces enfants sont maintenant de jeunes adolescents qui étudient à des niveaux supérieurs dans de grandes universités. Et quel est le fil conducteur de ces histoires? Ce sont les parents qui n'ont pas aveuglément cru aux étiquettes dont on avait affublé leur enfant, mais qui ont reconnu que bien plus était possible que ce que les experts leur avaient prédit.

Ces parents ont encouragé leur enfant à suivre ses centres d'intérêt et ce qu'il aimait faire en dépit de sa singularité apparente. Une histoire particulièrement inspirante m'a été rapportée par cette mère dont le fils autiste ne voulait jouer qu'avec les formes et les ombres. Il échouait dans son programme d'enseignement spécialisé où on le forçait à faire des choses qu'il ne voulait pas. Elle avait constaté que plus elle l'encourageait à faire ce qui l'amusait, plus il sortait de sa coquille. Et quand elle a suivi ses centres d'intérêt et lui a donné les ressources nécessaires pour les suivre, il a commencé à parler et à s'épanouir.

Quand il avait trois ans, on lui avait dit qu'il ne parlerait jamais. À onze ans, il est entré à l'université pour étudier les mathématiques.

Une nouvelle perspective

Et s'il n'y avait rien qui clochait chez ces enfants ?
Et s'ils étaient juste différents ?

~ Gary Douglas

Anne :

Dans le cadre de mon premier emploi après mes études en 1991 en tant que thérapeute pour enfants et thérapeute familiale, je travaillais dans un centre de traitement résidentiel pour les enfants avec des diagnostics de troubles psychiatriques. Ces enfants n'étaient capables de fonctionner ni à la maison, ni à l'école ni dans leur communauté et avaient «échoué» plusieurs fois dans des environnements moins restrictifs. Aux États-Unis, les centres de traitement résidentiels sont pratiquement considérés comme le dernier recours pour ces enfants. Après cela, c'est la prison ou les hôpitaux psychiatriques d'État.

Les enfants étaient accueillis dans le centre soit dans le cadre du programme résidentiel, et alors ils vivaient en permanence dans une unité résidentielle et participaient au programme scolaire hautement spécialisé, soit dans le cadre du programme de traitement de jour, ce qui signifie qu'ils vivaient hors campus et participaient au programme scolaire hautement spécialisé durant la semaine. J'avais été engagée comme psychothérapeute pour les deux programmes — le résidentiel et le traitement de jour — et je travaillais avec des enfants entre trois et dix-huit ans. J'étais spécialisée dans les enfants plus jeunes.

Les enfants diagnostiqués TDA, TDAH, TOC ou autistes présentaient des défis d'un genre différent pour le personnel. Beaucoup d'entre eux bougeaient constamment, même quand ils étaient assis. Ils riaient tout le temps à des moments (qui semblaient) inappropriés et débitaient des réponses sans pouvoir expliquer comment ils y étaient arrivés, même quand les réponses étaient correctes. Le programme comportemental avait peu ou pas d'effet sur ces enfants. Ils étaient considérés comme irrespectueux, en opposition, difficiles et avec qui il était difficile de travailler. D'autres qui étaient plus lourdement handicapés semblaient assez absents et renfermés. Quand ils répondaient, ils semblaient réagir à quelque chose qui n'était pas apparent pour nous. Parfois, ils s'enrageaient à cause de quelque chose qui semblait anodin. Leurs explosions émotionnelles avaient une intensité qui me faisait redresser l'échine !

Le personnel du centre était constitué de personnes d'une grande variété, issues de disciplines très diverses. Celles que je préférais, c'étaient les personnes magiques qui voyaient les enfants pour qui ils étaient, et pas comme les étiquettes qu'on leur avait collées. C'était des personnes qui accordaient aux enfants le bénéfice du doute. Elles savaient que les enfants faisaient de leur mieux avec les outils qu'ils avaient. Et c'étaient ces personnes que les enfants préféraient. L'une de ces personnes magiques était une femme appelée Naomi qui était spécialisée dans le programme dispensé à l'école. Quand je l'ai rencontrée, je venais de finir mes études et j'avais une certaine affinité avec les enfants qui avaient des problèmes de concentration. Je l'ai interrogée sur les enfants TDA et TDAH. Elle m'a répondu : « C'est comme s'ils avaient des centaines d'écrans de télévision dans la tête et que chaque écran était réglé sur une chaîne différente. Le volume est au maximum et ils n'ont pas la télécommande pour le diminuer ou mettre tous les écrans sur la même chaîne. Ils n'y peuvent rien ! »

Cela faisait sens pour moi. Parfois, c'était comme si malgré tous leurs efforts pour se concentrer, les enfants semblaient parfaitement incapables d'y parvenir. Je sentais une connexion avec eux parce que moi aussi, j'ai toujours eu plusieurs choses en même temps dans la tête. Enfant, on me disait tout le temps d'être attentive. Je me demandais souvent ce qui clochait chez moi qui faisait que je n'y parvenais pas.

Le programme mettait l'accent sur les médicaments et accordait beaucoup de valeur à la capacité de rester tranquille et d'écouter. Il était toujours très clair quand les médicaments poussaient trop loin dans l'autre sens et quand les enfants se concentraient sur ce qu'ils faisaient à l'exclusion de tout ce qui les entourait, et par exemple coloriaient tellement intensément que les marqueurs traversaient le papier. À hautes doses de médicaments, les enfants semblaient devenir plats. Ils perdaient leur étincelle.

Naomi avait quelques suggestions qui fonctionnaient avec les enfants. Par exemple, elle me disait, «Si tu ne peux pas exprimer ce qui doit être dit en cinq mots ou moins, ils ne t'entendront pas». C'était vrai. Dépassé ce nombre, leur regard prenait un air absent. Pourtant, bien que les suggestions de Naomi étaient utiles, elles n'étaient pas suffisantes pour créer une réelle différence ou des effets durables avec les enfants. Ce qu'elle ne me disait pas – et ce qu'aucune de nous deux ne savait à l'époque, c'était que leur esprit bougeait à la vitesse de la lumière. Les mots n'étaient pas leur forme préférée de communication parce que les mots étaient beaucoup trop péniblement lents, laborieux et difficiles. Bien qu'à l'époque je n'avais pas connaissance de cette façon de communiquer, je reconnais maintenant qu'ils communiquaient énergétiquement.

Avance rapide de vingt ans pour arriver au moment où j'ai rencontré Gary Douglas, le fondateur d'Access Consciousness®. Il a mis en mots ce que je savais secrètement sur ces enfants depuis longtemps, mais que je ne m'étais jamais autorisée à reconnaître, car cela remettait en question ce qui était considéré comme réel et vrai à l'époque. J'ai ressenti un énorme soulagement quand il m'a dit que les enfants qui étaient diagnostiqués TDA, TDAH, TOC et/ou autistes se mettaient en colère quand on leur disait d'utiliser des mots parce que les mots les ralentissaient terriblement. Le souvenir de tant d'enfants différents qui piquaient des crises au centre et plus tard dans mon cabinet sont remontés à la surface. Je me suis rappelé les regards de profond dédain qu'affichait leur visage quand on leur disait d'utiliser des mots ou quand quelqu'un disait «Je ne t'ai pas entendu.» Cela faisait tellement sens pour moi — parce que ces enfants communiquent différemment.

Quand Gary posait des questions comme «Et si rien ne clochait avec ces enfants ?», «Et s'ils étaient tout simplement différents ?» Je me disais «Enfin, quelqu'un qui capte !» Et si les enfants qui portent toutes ces étiquettes étaient vus pour qui ils sont — et pas pour qui ils ne sont pas ? Qu'est-ce que ça pourrait changer ?

Les commentaires de Gary m'invitaient à commencer à poser des questions comme «Quoi d'autre est possible que nous ne considérons pas ?» plutôt que «Comment faire en sorte d'intégrer cet enfant ?»

Et si différent était juste différent ? Et pas bien ou mal, mais juste *différent* ? Ces enfants ne sont pas comme les autres. Ils n'ont pas d'émotions de la même façon que les autres. Ils pensent différemment. Ils ne comprennent pas pourquoi les autres sont si lents et font semblant de ne pas savoir ce qu'ils *savent* en réalité. Ils regardent le monde avec un regard différent. Et s'ils avaient en réalité des capacités et des talents spéciaux ?

Un garçon de dix ans, diagnostiqué avec des TOC, était dans mon cabinet l'autre jour. Il se sentait tellement différent des autres enfants et tellement en *tort*. Nous parlions de manière détendue et nous passions un bon moment. Puis, j'ai remarqué un changement subtil dans son corps. Il m'a regardée, a regardé le téléphone sur le bureau derrière moi, m'a de nouveau regardée et puis le téléphone a sonné. J'ai levé les sourcils et je lui ai souri, il m'a souri en retour.

Je lui ai dit : «Tu savais qu'il allait sonner, n'est-ce pas ?». Il a ri. «Oui !»

«Génial !» ai-je répondu.

Et si *nous* pouvions voir ce qu'*ils* voient, plutôt que d'essayer de les forcer, *eux*, à voir ce que nous voyons, *nous* ? Quel changement cela pourrait-il créer ?

Qu'est-ce qui est créé quand on ne reconnaît pas les capacités que ces enfants ont ? Je crois que cela fait qu'ils se voient comme invisibles, et indignes d'attention, pas assez bons, dysfonctionnels, bizarres et en tort. Et si c'était cela le tort que nous causons à ces enfants qui sont diagnostiqués avec les étiquettes de TDA, TDAH, TOC et autisme ? Ils ne voient pas le monde comme nous, et lorsque nous ne le voyons pas à travers leurs yeux, cela crée des difficultés pour eux. Nous devons voir ce qu'ils voient plutôt que d'essayer de leur faire voir les choses comme nous.

3

Et si vos enfants étaient parfaits ?

Et si vos enfants étaient parfaits — même s'ils ont le TDA, TDAH, des TOC, de l'autisme ou autre chose ?

~ Dr Dain Heer

Gary :

Dain et moi avons eu l'occasion de travailler avec des enfants qui avaient été étiquetés de ces soi-disant incapacités. Au départ, nous avons essayé d'aborder tout cela du point de vue que quelque chose n'allait pas chez ces enfants et nous avons essayé de comprendre comment aborder leur « handicap ». Pourtant, en travaillant avec plusieurs super enfants, nous avons vu qu'ils avaient de nombreuses capacités, de nombreux talents et cadeaux qui sont ne sont pas reconnus par les enseignants, les parents et les membres des communautés médicale et psychologique.

Les gens ont tendance à fonctionner à partir du point de vue que quelque chose ne va pas chez ces enfants parce qu'ils n'apprennent pas de la même façon que nous. En réalité, ils captent les choses de façon totalement différente et c'est à nous qu'il revient de découvrir comment ils apprennent, plutôt que d'essayer de leur enseigner des méthodes qui ont peut-être fonctionné pour nous, mais qui ne fonctionneront certainement pas pour eux.

Nous aimerions revisiter le point de vue qu'ils ont des «besoins spéciaux»; ce sont en fait des enfants qui ont des *talents* spéciaux. Nous les appelons X-Men, par référence à l'équipe de super héros de Marvel composés de mutants avec un gène X, qui utilisent leurs pouvoirs et capacités extraordinaires au bénéfice de l'humanité. Pour nous, c'est un terme affectueux. Les X-Men sont ici avec nous sur cette planète pour faire des vagues. Ils sont une mutation qui est une expansion de l'espèce, mais on les considère comme s'ils étaient une limitation. Nous ne croyons pas que cela est vrai.

Nous aimerions déverrouiller les capacités de ces enfants, parce que nous percevons que si nous leur en donnons l'occasion, ils seront capables de changer nombre de ces choses qui courent au désastre sur notre planète.

Nous demandons à ce que vous ne considériez pas vos enfants comme en tort, peu importe les étiquettes qu'on leur a collées. Voyez vos enfants à partir de ce qui est juste chez eux et pas ce qui cloche chez eux. Quand vous ferez cela, vous créerez un monde totalement différent pour vous-mêmes, pour eux, et pour tout le monde sur la planète. Nous espérons que vous verrez que vous avez une chance extraordinaire de créer un monde plus conscient. Vous pouvez créer un espace où les gens commencent à voir les capacités et la grandeur que sont ces enfants.

4

Cultiver le questionnement

Le but des questions, c'est de créer des prises de conscience.

~ *Gary Douglas*

Anne :

Tant de parents viennent me trouver parce qu'ils sont complètement
perdus quant à la manière d'assister leurs enfants. Certains gobent
la conclusion qu'il y a quelque chose qui «cloche» chez leur enfant.
Beaucoup extrapolent ce «tort» à eux-mêmes. Ils croient qu'ils ont *fait*
quelque chose de travers ou qu'ils *sont* intrinsèquement en tort. Comment
sinon auraient-ils pu avoir un tel enfant ? Beaucoup d'entre eux disent
ressentir de la honte et de la culpabilité par rapport à leur capacité à être
parent, qu'ils perçoivent comme réduite. Et la plupart d'entre eux tentent
de tout comprendre en essayant de trouver la réponse qui expliquerait
pourquoi leur enfant est comme il est. Ils me disent que si seulement ils
pouvaient *comprendre*, ils sauraient quoi faire.

Et si ces enfants n'étaient pas leurs étiquettes ? Et si au lieu de gober
l'étiquetage dont on les affuble, nous pouvions poser des questions ?
Parlons un peu des questions. J'adore la description que Gary en donne :
une question n'est pas une affirmation avec un point d'interrogation à
la fin. Une question est une question. À la différence de ce qu'on nous

apprend à l'école, le but d'une question n'est pas de trouver «la bonne réponse». Le but d'une question, c'est de créer des prises de conscience.

Dain :

La question est la clé qui ouvre la voie aux possibilités.

Anne :

«Que veux-tu pour dîner?» Est-ce une question ou une affirmation avec un point d'interrogation à la fin? C'est une affirmation avec un point d'interrogation à la fin parce qu'elle présuppose a) que la personne a faim, b) qu'elle prévoit de manger et c) que ce qu'elle mangera sera sous la forme d'un dîner.

«As-tu faim?», ça, c'est une question. Elle ouvre la porte aux possibilités.

Poser de vraies questions est l'un des outils les plus formidables d'Access Consciousness. Je constate qu'en posant une question, je suis instantanément capable de sortir de la densité de la conclusion ou du point de vue qui me piège pour entrer dans l'espace des possibilités et du choix.

Une mère de jumeaux de six ans, un garçon et une fille, est venue me voir au début de l'année scolaire. Elle est brillante, ainsi que son mari. Elle et sa fille fonctionnent avec plus d'aisance socialement que son mari et son fils. La mère et la fille sont plus démonstratives et loquaces; le père et le fils sont plus silencieux et certains diraient peut-être même, renfermés.

Elle est venue me voir parce que son fils avait du mal avec le programme de première année. Les bulletins de l'instituteur rapportaient qu'il faisait des scènes, piquait des crises, ne se concentrait pas sur son travail, et «s'isolait» pendant les récréations. En rentrant de l'école, ce garçon était irritable, difficile, chicaneur et geignard. Sa mère savait qu'il ne faudrait pas longtemps avant qu'il pique une crise. Elle était bien consciente de la différence de son fils et bien qu'elle eût reconnu en privé ses considérables talents et capacités, elle se surprenait à présenter des excuses auprès du personnel de l'école pour le comportement de son fils. Elle ne voyait que ce qui ne fonctionnait pas et les conclusions qu'elle avait tirées la propulsaient dans un état de désespoir et d'impuissance. Elle me disait :

«Ce n'est que le premier mois de la première année. Il a encore douze ans d'école à faire!»

Je lui ai posé plusieurs questions :

- Que savez-vous à propos de votre fils que vous ne reconnaissez pas?
- Quelles sont ses forces?
- Que requiert votre fils pour pouvoir s'épanouir à l'école?
- S'il pouvait choisir son expérience scolaire cette année, qu'est-ce que ce serait?
- Que sait-il que vous ne demandez ou ne reconnaissez pas?

Ces questions lui ont permis d'aller au-delà du besoin d'obtenir des réponses et d'aller vers un espace où elle pouvait être consciente de ce qu'elle savait effectivement sur son fils, l'école et elle-même. Quand elle a pu lâcher le besoin d'avoir une réponse qui justifierait ou prouverait quelque chose au sujet de son fils, elle est devenue considérablement plus joyeuse. Elle a réalisé qu'elle en savait beaucoup plus sur sa situation que ce qu'elle n'avait bien voulu reconnaître. Par exemple, elle avait reconnu que son fils fonctionnait d'un point de vue académique bien au-delà de ses camarades et devait probablement s'ennuyer atrocement. Elle a pu interpeller le personnel de l'école et ensemble, ils ont conçu un programme pour son fils. Celui-ci est passé à la deuxième année et on lui donna du travail difficile d'un niveau encore supérieur à cette classe dans de nombreuses matières. Ses crises et coups d'éclat ont fortement diminué.

Elle a aussi cessé de se préoccuper de son «isolement» durant les récréations et a reconnu que le fait d'être seul pendant un certain temps lui était probablement bénéfique. Elle a reconnu qu'il était moins sociable que sa sœur et que c'était bien ainsi. Au final, elle a pu voir sa brillance dans le fait qu'il profitait de ses moments seul pour gérer la surstimulation de l'école et des récréations.

En sortant du monde du jugement, des bonnes et mauvaises réponses, elle a créé une culture de questionnement par rapport à l'expérience de son fils à l'école, ce qui a permis à toutes les personnes impliquées de voir les possibilités et choix différents que permettent les prises de conscience.

Outil : Qu'est-ce que c'est ?

Voici quatre magnifiques questions que Gary m'a apprises et qui s'appliquent partout et que tous les parents peuvent utiliser :

- Qu'est-ce que c'est ?
- Qu'est-ce que je peux en faire ?
- Est-ce que je peux le changer ?
- Comment est-ce que je peux le changer ?

La mère de deux garçons âgés de cinq et trois ans me disait qu'elle ne savait plus comment gérer son fils de cinq ans. Bien qu'il n'eût pas été diagnostiqué TDAH, elle croyait qu'il en avait de nombreux symptômes. Il était impulsif et soupe au lait et n'était pas apprécié des enfants de son âge parce qu'il sortait tout de suite de ses gonds.

Elle disait que récemment, elle l'avait repris à l'école maternelle pour l'emmener à son entraînement de foot. Ensuite, elle a fait quelques courses avec lui et son frère. Ils sont d'abord allés à la banque et puis à l'épicerie. Comme ils quittaient l'épicerie, la pluie s'est mise à tomber à seaux et même en ayant couru, ils sont arrivés trempés à la voiture. Elle avait une serviette qu'elle utilisa pour essuyer le petit de trois ans et ils riaient. Puis, quand elle a essayé d'essuyer le grand de cinq ans, il a commencé à lui hurler dessus : « Nooooooon ! Fais pas çaaaaa ! Je ne veux pas cette serviette ! »

Je lui ai demandé : « Avait-il demandé à être séché ? »

« Non », répondit-elle, « mais il était complètement trempé ! »

Lors d'une séance précédente, je lui avais présenté ces quatre questions. Je lui avais dit : « Et si tu te demandais "Qu'est-ce que c'est ? Qu'est-ce que je peux en faire ? Est-ce que je peux le changer ? Comment puis-je le changer ?" Commence par "Qu'est-ce que c'est ?" Quand tu poses cette question, qu'est-ce qui vient ? »

« Je ne sais pas ! J'essayais juste de l'aider. Il était dans un état pas possible ! Quand il se met dans cet état, je ne sais pas quoi faire. »

Je lui ai demandé : « Et si cela n'avait rien à voir avec le fait d'être trempé ? Et si c'était parce que tu n'avais pas utilisé la bonne serviette ? » J'ai répété : « Qu'est-ce que c'était ? »

Elle a dit : « Il se met tellement en colère contre moi ! »

Je lui ai alors demandé : « Sur quoi est-il en colère ? Au-delà du fait d'être séché avec la serviette ? »

« Eh bien, je suppose qu'il était fatigué et qu'il avait faim. » Je lui ai demandé : « Est-ce qu'il a de temps à autre des temps morts ? »

Elle m'a répondu : « Eh bien, j'essaie que tout soit fait, je suis un peu perfectionniste. Je veux que tout soit comme il faut. »

« Alors, que fais-tu avec ces informations – qu'il est fatigué et qu'il a faim et que tu es résolue à ce que tout soit fait ? »

Elle fit une pause avant de répondre : « Je saisis que je le pousse pas mal pour suivre mon rythme. »

Je lui ai demandé : « Peux-tu changer ça ? Comment peux-tu changer ça ? »

Elle m'a dit : « Eh bien, je pourrais ne pas prévoir autant de choses. Je pourrais l'emmener à la maison et le laisser décompresser. Je crois que l'école, puis le foot, puis les courses, c'est beaucoup. »

Je lui ai demandé : « Est-ce que tu joues avec lui ? »

Marcus

L'une de mes amies, qui est orthophoniste scolaire et qui travaille dans le système scolaire public, m'a raconté l'histoire de l'un de ses élèves :

Marcus avait dix ans. On lui avait diagnostiqué une paralysie cérébrale et il était en fauteuil roulant depuis qu'il était tout petit. Il n'avait jamais marché ni parlé. C'était un petit garçon joyeux, qui plutôt que de bouger et parler, engageait la conversation avec elle par ses expressions faciales. Elle me racontait que sa joie et son absence totale de tristesse au sujet de son état l'avaient amenée à poser cette question : « Et si cet état n'était pas un drame ? » Elle a alors posé des questions comme : « Et si ma cible aujourd'hui était de créer autant de joie et de possibilités dans son univers qu'il est possible de générer? Et si cela devenait ma priorité plutôt que d'essayer de le faire fonctionner comme les autres enfants?»

Elle racontait que dès qu'elle a commencé à poser des questions et à lâcher son point de vue que c'était injuste qu'un enfant ait à vivre les difficultés de Marcus, des possibilités ont commencé à se présenter à lui qu'elle n'avait pas vues auparavant. Leurs interactions sont devenues ludiques et amusantes et il a commencé à prendre encore plus de plaisir à leurs rencontres.

Un jour, elle lui a dit : «On va trouver un moyen pour toi de parler.» Elle a commencé à utiliser des dispositifs augmentatifs de communication qui assistent les gens qui ont des difficultés avec le langage parlé et écrit. Elle racontait que sa formation lui avait appris que parce que Marcus avait une paralysie cérébrale, il n'était pas supposé pouvoir parler ou comprendre ce qu'elle disait. Pourtant, elle m'a raconté qu'avec le temps, il a commencé à vocaliser et produire des sons.

Puis, un jour, alors qu'elle était au tableau pour donner une leçon sur les couleurs, elle a demandé : «Quelle est cette couleur?»

Elle me racontait : «Quelque part derrière moi, j'ai entendu le mot vert. Je me suis retournée et c'était Marcus qui me souriait du fond de la classe. Il l'avait fait! Non seulement il a prononcé le mot vert, mais c'était aussi la bonne réponse!»

«Pas beaucoup. En général, je suis très occupée.»

«Pourrais-tu y changer quelque chose?»

Elle a ri. «Je pense bien, oui!»

Je lui ai reparlé la semaine suivante. Elle me dit qu'elle avait réorganisé son emploi du temps pour avoir plus de «temps morts» avec son fils et elle mettait un point d'honneur à jouer avec lui tous les jours, même si c'était très peu de temps. Elle dit que la vie à la maison était devenue beaucoup plus simple et qu'il était plus heureux et qu'elle était moins attachée à «tout faire.»

Tout cela, parce qu'elle a posé quelques questions.

5

Nous sommes tous des êtres infinis
Donc, vos enfants aussi

Il est important de reconnaître ce que les enfants savent et ce dont ils sont conscients, même s'ils sont très jeunes. Ce sont des êtres infinis, même si leur corps est petit.

~ Gary Douglas

Gary :

Commençons par parler du fait que nous sommes tous des êtres infinis. Chacun de nous est un être infini et en tant que tel, nous avons la capacité infinie de percevoir tout, savoir tout, être tout et recevoir tout. Nous fonctionnons à partir de la conscience totale dans tous les aspects de notre vie. Pour autant que nous le choisissions.

L'un des plus grands cadeaux que vous puissiez faire à vous-même, c'est de reconnaître qu'en votre enfant, il y a un petit corps et un être infini. Cet être, votre enfant, sait des choses, perçoit des choses et reçoit des choses. Vous devez reconnaître cela et ne pas essayer de partir du principe que vous êtes supérieur parce que vous êtes adulte. Vos enfants aussi sont des êtres infinis, et même si leur corps est plus petit que le vôtre, cela ne signifie pas qu'*eux* sont plus petits que vous.

Anne :

Exactement ! Voici quelques questions que je pose aux parents :

- Et si les enfants en savaient plus que ce que vous pensez qu'ils savent ?
- Et si vous leur demandiez ce qu'ils savent – et quelle contribution ils pourraient être pour vous ?

Souvent, les parents amènent leur bébé ou petit enfant à des séances avec moi pour parler de leurs frères et sœurs aînés. Ou des couples viennent parce que leur mariage ne fonctionne pas comme ils le voudraient et ils prennent leur bébé ou petit enfant avec eux. C'est incroyable de voir ce que les enfants « savent » et la contribution qu'ils sont lors de ces séances.

L'autre jour, un couple est venu me voir pour la première fois. Ils voulaient discuter de leur mariage et ils avaient amené avec eux leur fils de onze mois. Il était assis sur les genoux de sa mère, me fixant du regard avant d'aller explorer le sol pour y examiner les jouets. Il a continué à me regarder tout au long de la séance en se rapprochant de plus en plus de mon siège. Finalement, il était assis si près de moi qu'il s'appuyait sur mes jambes. À un moment donné, alors que la conversation était particulièrement houleuse entre ses parents, il s'est retourné et a essayé de monter sur mes genoux. Je l'ai pris dans les bras et il s'est installé en face de ses parents, avec le visage légèrement tourné vers moi. C'était comme s'il disait à ses parents « Vous n'avez pas besoin de rester coincés là. Vous pouvez lâcher ! » Tandis que ses parents commençaient à s'avancer au-delà de l'endroit où ils bataillaient, il m'a indiqué qu'il était prêt à retourner jouer par terre, ce qu'il fit, toujours aussi conscient de ce qui transpirait de la situation. Il allait régulièrement vers eux, debout à côté de leurs jambes, et les regardait. Il n'était pas là pour réclamer de l'attention ; il était simplement présent avec eux alors qu'ils évacuaient leurs « trucs ».

Il était si présent et si conscient des turbulences que ses parents créaient, tout autant que du basculement qui eut lieu quand ils choisirent d'être dans un autre espace. Il fut une formidable contribution pour ses parents, que ceux-ci l'aient reconnu ou pas. Petit corps ? Oui, absolument. Il apprend à marcher, il ne parle pas encore avec des mots, sa coordination est maladroite. Et pourtant rien de tout cela ne l'empêche de savoir *exactement* ce qui se passe.

Gary :

Les adultes supposent si souvent que parce que les enfants sont jeunes ou parce qu'ils ont un petit corps, ils ne sont ni conscients ni intelligents et qu'il faut les diminuer, les contrôler et leur dire ce qu'ils doivent faire. Les gens les considèrent comme trop jeunes, ou pas assez capables pour comprendre ce qui se passe, ou bien ils établissent des règles sur ce qu'ils peuvent faire et ne pas faire sans tenir compte de l'être infini qu'ils ont en face d'eux. Cela peut faire partie de ce que nous voyons chez les enfants autistes et la colère qui émane d'eux quand leur capacité infinie à percevoir, savoir, être et recevoir tout n'est pas reconnue.

Anne :

Cela les met en rage quand on les regarde de haut ou qu'on les infantilise. Quand les parents, d'autres adultes ou des frères ou sœurs aînés se mettent en position de supériorité par rapport aux enfants que nous appelons X-Men, ils ont tendance à se mettre en colère. Et si *eux* ne se considéraient pas eux-mêmes comme inférieurs ? Les enfants autistes perçoivent tellement, qu'ils peuvent être terriblement frustrés quand ils ne parviennent pas à communiquer ces informations à leur entourage. Ils reçoivent les informations différemment, et quand les gens les jugent ou les regardent de haut, ils n'aiment pas du tout ça !

Voici une formidable question que j'ai entendu la première fois de la bouche de Dain et que je pose maintenant aux parents :

- Que sais-tu que tu fais semblant de ne pas savoir ou que tu nies savoir, que si tu pouvais le reconnaître, cela changerait tout ?

Cette question court-circuite le cerveau pensant et va directement à l'énergie de ce qui vous coince. Cela crée une prise de conscience de ce qui se passe en réalité. Et c'est une question que vous pouvez poser à des bébés et à des petits enfants, autant qu'à des enfants plus âgés ou des adultes. Elle n'appelle pas de réponse verbale, bien qu'il y en ait parfois une. Il est étonnant de voir les changements qui se produisent après l'avoir posée.

Un garçon brillant de neuf ans à qui on avait diagnostiqué un TDAH et à qui on aurait aussi pu diagnostiquer un léger autisme avait du mal à l'école. Sa mère et lui étaient en guerre avec les enseignants, les administrateurs et les pairs. Une guerre pour le contrôle. Quand je lui ai demandé : « Que sais-tu que tu fais semblant de ne pas savoir ou que tu nies savoir, que si tu pouvais le reconnaître, cela changerait tout ? » Il a levé les yeux au ciel et a dit : « C'est la question la plus stupide que j'ai jamais entendue ! » Puis il a commencé à me raconter pendant trente minutes comment fonctionnait l'école et comment certains enseignants et administrateurs agissaient. Il a aussi reconnu qu'il pourrait faire des choix différents plutôt que d'être en guerre avec eux… s'il le choisissait. Cette question lui a apporté les prises de conscience nécessaires pour qu'il commence à changer son approche de l'école et de ses professeurs. Et quand nous avons raconté à sa mère ce qu'il m'avait dit, les prises de conscience de son fils l'ont libérée et elle a pu aborder l'école comme une contribution plutôt que du point de vue de la confrontation qui l'avait bloquée jusqu'alors.

Les êtres infinis fonctionnent à partir de l'espace de la conscience. Quand on cesse de chercher des réponses concernant ces enfants et pour eux, et qu'on commence à rechercher plus de conscience de ce qu'ils savent et ce qu'ils requièrent vraiment, les choses changent. Cela ne veut pas dire que nous, en tant qu'adultes, ne savons rien. Bien entendu, nous savons. Ce que je suggère, c'est qu'il est possible de changer l'énergie d'une situation et d'inviter un résultat totalement différent quand on demande « Quelle contribution puis-je être pour mon enfant ? » L'énergie n'est-elle pas différente quand on pose cette question plutôt que de leur dire ce qu'ils doivent faire et d'essayer de les contrôler ? Et si vous pouviez aussi demander « Quelle contribution puis-je recevoir de mon enfant ? ». Vous pourriez être comme les parents du bambin dans mon cabinet qui ont pu recevoir la contribution de leur enfant, même s'ils n'avaient peut-être pas conscience que c'était ce qu'ils faisaient.

Gary :

Reconnaître que les enfants — tous les enfants — sont des êtres infinis avec la capacité infinie à percevoir, savoir, être et recevoir tout est la chose la plus importante que vous, en tant que parent ou enseignant, puissiez faire pour les aider à accéder à leurs talents et capacités. Cela est particulièrement vrai pour les enfants autistes, avec des TOC un TDA ou TDAH ou toute autre étiquette du genre — parce qu'ils ont des dons spéciaux.

Anne :

L'une des erreurs que font les gens est de supposer que parce que leurs enfants sont petits, ils ne savent rien ou ne sont pas conscients.

Une grand-mère m'avait amené sa petite-fille de quatre ans. La fillette s'agitait facilement à l'école maternelle et faisait des cauchemars la nuit. Elle dormait dans le grand lit de sa grand-mère, recroquevillée contre le corps de sa grand-mère.

La mère de la petite fille avait été brutalement assassinée par son petit ami et la grand-mère ne voulait pas que sa petite-fille ait connaissance du crime parce qu'il avait été si effroyable et que la petite était encore si jeune. Elle avait dit à la fillette que sa mère avait été malade et que les médecins avaient essayé de la sauver sans y parvenir.

Après quelques mois de thérapie par le jeu avec moi, sa grand-mère m'a dit qu'elle lui demandait comment sa mère était morte. «Elle dit que les enfants à l'école veulent savoir comment sa maman est morte. Je ne sais pas quoi lui dire. Je ne peux pas lui dire ce qui s'est passé.»

Je lui ai demandé : «Et si vous lui demandiez ce qu'elle sait ?» La grand-mère refusa d'abord, insistant une fois encore sur le fait que le meurtre avait été si horrible et que sa petite-fille était trop jeune.

La petite fille persistait et un jour, sa grand-mère lui a demandé : «Que sais-tu sur comment ta maman est morte ?»

Avec son langage de quatre ans, la petite fille décrivit *exactement* et avec abondance de détails comment sa mère avait été tuée.

La grand-mère fut ébahie. «Comment as-tu su ?» demanda-t-elle.

«Mamy, il m'a dit et il a dit à maman et il a dit au chien qu'il nous ferait ça.» Puis elle a répété les menaces du tueur.

La grand-mère lui a répondu : «Ce qu'il a fait était *très* mal, et il va passer le restant de ses jours en prison. Le juge dit qu'il ne pourra jamais sortir. Il ne pourra jamais venir te faire de mal.»

Cette nuit-là, la petite fille a dormi de son côté du lit pour la première fois depuis la mort de sa mère et quelques jours plus tard, elle dormait dans sa propre chambre à coucher.

Tout cela grâce au fait que sa grand-mère a reconnu que sa petite-fille était un être infini plutôt qu'une enfant trop jeune pour savoir quoi que ce soit – et puis en posant une simple question : «Que sais-tu ?»

6

Ce qu'un loup nous a montré sur la communication des enfants autistes

Quand vous comprenez comment communiquent les enfants autistes, votre communication avec eux peut aller à un endroit qui vous permet à vous — et à eux — d'avoir beaucoup plus d'aisance.

~ Dr Dain Deer

Gary :

J'ai beaucoup travaillé avec les animaux, en particulier les chevaux, mais aussi avec les chiens et d'autres quadrupèdes, parce que les animaux me parlent.

Un jour, une dame m'a appelé en me disant : « J'ai un problème avec mon loup. Je m'apprête à partir en voyage et il est très anxieux, je tente de le calmer. Je lui dis que tout ira bien, que je m'en vais et que je reviendrai, mais il est chaque jour plus agité. »

Je lui ai dit : « Je vais voir si je peux travailler avec lui. »

Je me suis rendu à son ranch et j'ai demandé : « Que se passe-t-il Monsieur Loup ? » et il m'a téléchargé une quantité d'informations incroyable.

Je lui ai dit : «Ralentis. Je ne comprends pas ça, c'est trop rapide pour moi.»

Il a ralenti et j'ai commencé à recevoir ses images. Il me faisait savoir que la dame lui avait dit qu'elle allait partir et qu'elle reviendrait et qu'il ne devait pas s'inquiéter.

Je lui ai demandé : «Qu'est-ce que ça veut dire pour toi?» et il me l'a montrée mourante. Il pensait qu'elle disait qu'elle allait mourir et qu'elle reviendrait dans un autre corps, parce que cela s'était déjà produit. Elle était morte, tous les loups l'avaient pleurée, et puis plus tard, elle était revenue dans un autre corps.

C'était le tout premier loup à qui j'avais à faire, et j'étais surpris de sa capacité à télécharger de l'information. Je ne savais pas que les loups avaient cette capacité. Je pensais qu'il aurait une réalité plus semblable à celle d'un chien.

Je l'ai rassuré en lui disant que la dame n'allait pas mourir; elle partait simplement pour quelques semaines et elle serait de retour. Notre conversation l'a apaisé. Il a cessé de tourner en rond et à suivre la dame partout dans la maison. Il a recommencé à manger et a repris ses habitudes de sommeil. La dame a pu partir en voyage sans se faire de souci pour lui. Quelques semaines plus tard, Dain m'a demandé de l'aider avec une dame et son fils autiste.

Dain :

Une dame m'a appelé en me demandant «Pourriez-vous travailler sur moi et mon fils de quatre ans, Nicolas?»

«Bien sûr» lui ai-je répondu, «Pas de problème. Que se passe-t-il?»

Elle m'a dit : «Il est autiste. Il n'a probablement que quarante mots de vocabulaire.» J'ai dit : «Ce sera nouveau pour moi. Voyons ce qui se présentera.»

Puis, j'ai demandé à Gary : «Peux-tu venir travailler avec nous?» et il m'a dit oui.

En travaillant avec Nicolas, Gary a réalisé qu'il lui téléchargeait de l'information de la même façon que le loup, un peu comme s'il lui montrait tout un film en une fraction de seconde. Nicolas téléchargeait tout le film en une fois. Pas image un, image deux, image trois, et ainsi de suite. Pour quelqu'un qui est autiste, le défilement image par image serait vraiment douloureux.

Gary :

Nous avons travaillé avec Nicolas pendant environ une heure. Il a appris un nouveau mot et nous avons appris une quantité incroyable d'informations sur les enfants autistes. L'une des choses que nous avons découvertes, c'est que les enfants autistes ne font pas de séparation entre le passé, le présent et le futur. Pour eux tout est ici et maintenant.

À un moment donné, la mère de Nicolas nous a dit : « Je pense que mon fils est l'un de mes grands-parents. »

Je lui ai demandé : « Vraiment ? Lequel ? »

Elle dit : « Je pense que c'est mon grand-père. »

Je lui demandai : « Comment s'appelait votre grand-père ? » Elle répondit : « Bill. »

Je me suis tourné vers Nicolas. Il était face à la fenêtre, regardant vers l'horizon. J'ai dit : « Bill » et il s'est instantanément retourné et m'a regardé droit dans les yeux. Pour ceux qui ne le savent peut-être pas, les enfants autistes n'aiment pas regarder dans les yeux. C'est difficile pour eux de le faire et cela arrive rarement.

Dain :

Pendant tout ce temps passé avec Nicolas et sa mère, nous avons souvent mentionné le nom de Nicolas, mais il n'avait jamais réagi du tout. C'était très intéressant de voir comment il réagissait au nom de *Bill*. C'était aussi très intéressant de voir comment Nicolas a appris à dire le mot *sauter*.

Gary :

Nicolas grimpait sur un marchepied et en sautait et comme j'avais réalisé qu'il communiquait télépathiquement, je voulais voir si le fait de lui donner une image de sauter en même temps que je prononçais le mot pourrait l'aider à apprendre le mot.

Au bout de quelques fois, il a dit «sauter».

À la fin de notre travail, Nicolas est allé vers la porte et a commencé à taper contre la poignée. Sa mère répétait sans cesse «Nicolas, viens ici, allez, mets tes chaussures. Mets tes chaussures, mets tes chaussures.»

Me rappelant ce que j'avais appris du loup, je lui ai dit : «Il ne capte pas les étapes quand tu les décomposes ainsi. Tu dois lui télécharger l'image entière de lui qui s'éloigne de la porte, marche vers toi, s'assied, te laisse mettre ses chaussures et les lacer, prends ta main et sors avec toi.»

Elle m'a demandé : «Comment faire?»

Je lui ai dit : «Il n'y a pas de *comment*. Fais-le tout simplement.»

C'est ce qu'elle fit et Nicolas s'est instantanément éloigné de la porte, s'est approché d'elle, s'est assis. Elle lui a mis ses chaussures et les lui a lacées. Il l'a prise par la main et l'a emmenée vers la porte.

Dain :

C'était comme passer tout un film en un instant en disant : «Voilà tout le film.»

Gary :

C'est ainsi que ces enfants communiquent. Ils sont médiums ou télépathes, peu importe comment vous appelez ça. Ils captent l'image complète en une fois – mais plutôt que d'être conscients de comment fonctionne leur monde, nous persistons à essayer de les forcer à ralentir et à fonctionner dans notre monde où l'on avance étape par étape.

Dain :

J'ai appelé la mère de Nicolas environ deux mois plus tard pour voir comment cela se passait. «Eh bien, cela se passe bien, mais ces dix derniers jours, Nicolas va de moins en moins bien. Je ne sais pas ce qui cloche! Il a commencé à présenter presque tous les signes d'autisme.»

Je lui ai demandé : «Qu'est-ce qui se passe? Qu'est-ce qui a changé?» Elle m'a répondu : «Je ne sais pas.»

Je lui ai demandé : «As-tu fait quoi que ce soit différemment?»

Elle m'a dit : « Eh bien, ces dix derniers jours, j'ai recherché les signes de l'autisme sur Internet. »

Je lui ai dit : « Te rappelles-tu qu'on a t'a dit à quel point Nicolas était médium et conscient de tout ? Et du fait qu'il ne sépare pas le passé, le présent et le futur ? Il est totalement conscience. Il capte tout ce qu'il y a dans ta tête. Tu lis sur les symptômes de l'autisme et il les capte dans ta tête et les manifeste. Fais-moi plaisir et arrête ça aujourd'hui. »

Elle m'a dit : « Mais je dois faire cette recherche. »

J'ai dit : « Non. Tu dois être avec ton enfant et tu dois arrêter de le perturber avec ce qui se passe dans ta tête. »

Elle a dit : « OK, je vais essayer. »

Quand j'ai repris contact avec elle, les choses étaient revenues à la normale. Elle avait arrêté de faire des recherches sur l'autisme sur Internet, juste pour voir ce qui se passerait, et Nicolas a arrêté de présenter tous les symptômes sur lesquels elle s'était renseignée.

Gary :

Quelques mois plus tard, nous avons organisé une classe X-Men à Houston, et elle y a amené Nicolas. Je lui ai demandé : « Comment Nicolas se comporte-t-il dans une plaine de jeux ? »

Elle a dit : « Oh, il n'y a pas de problème sur les plaines de jeux. Il joue avec les autres enfants. »

J'ai demandé : « Vraiment ? Est-ce qu'il leur parle ? »

Elle a dit : « Non, mais ils semblent faire tout ce qu'il veut. Il est toujours le leader. »

Dain :

Il communique juste avec des images avec les autres enfants, et ils n'ont pas de barrière à communiquer de cette façon.

Gary :

La mère d'un autre garçon autiste avec qui nous avons travaillé a raconté quelque chose de similaire. Je lui avais demandé si elle avait d'autres enfants et elle a répondu oui, elle avait un autre garçon et une fille. Je lui ai demandé comment le garçon autiste s'en sortait avec son frère.

Elle répondit : « Oh, il est super avec son frère. Ils jouent bien ensemble. » J'ai demandé : « Es-tu consciente qu'ils communiquent télépathiquement ? » Elle a répondu : « Qu'est-ce que tu veux dire ? »

J'ai demandé : « Les entends-tu parler ? »

Elle a dit : « Non, jamais. » Elle n'avait pas remarqué que ces deux enfants jouaient sans jamais parler. Ils communiquaient télépathiquement. Voilà de quoi sont capables ces enfants.

Je suis prêt à parier que si vous avez un enfant autiste, vous communiquez télépathiquement avec lui sans même vous en rendre compte. Ces enfants vous mettent des choses en tête. Ils vont dire « Vas-y » et vous dites « J'y vais. » Ils vont dire « J'ai faim » et vous allez demander « Qu'est-ce que tu voudrais manger ? » Beaucoup d'enfants font ce genre de chose avant d'apprendre à parler.

Une dame en Australie a amené son neveu autiste et sa mère pour me voir dans la maison de mon amie Simone. Nous étions dans la cuisine et j'essayais de puiser dans la tête du gamin pour voir ce qui se passait pour lui. Tout d'un coup, sa mère a demandé à Simone, « Est-ce que tu as du jus de fruits ? »

Simone a dit : « Oui, il y en a dans le frigo. Sers-toi. »

La femme s'est avancée vers le frigo et a demandé à son fils « Billy, tu veux du jus de fruits ? »

J'ai dit : « Attendez une minute. Êtes-vous consciente qu'il est devant le frigo et qu'il sait ce qu'il y a dedans ? Il l'a mis dans votre tête pour avoir du jus pour lui et maintenant vous lui demandez s'il en veut. Vous devez être claire. Cet enfant communique télépathiquement avec vous. »

La mère a acquiescé et a souri. Au moment où je lui disais cela, elle savait que c'était vrai.

Dain :

Vos enfants vous envoient une question par la pensée et vous y répondez. Et vous ne remarquez même jamais que votre enfant n'a pas parlé. Si vous décidez que la seule façon de communiquer avec votre enfant c'est qu'il apprenne à parler, vous ne pourrez pas voir qu'il y a tout un monde de communication à votre disposition. Vous devez commencer à prêter attention aux pensées que les enfants vous envoient et à l'information qui vous parvient — parce que même si vous ne le savez peut-être pas encore maintenant, vous êtes capable de communiquer avec eux. Vous avez les mêmes capacités qu'eux.

7

Communiquer par images

Avez-vous déjà fait l'expérience d'appréhender quelque chose — aller à une réunion, réussir à ce que tout le monde soit parti à l'heure le matin, ou mettre les enfants au lit — et les choses se passent aussi difficilement que ce que vous saviez qui allait se passer ? Et si c'étaient en fait vous et tous ceux qui étaient impliqués qui s'envoyaient les uns aux autres les images qui ont créé cette situation ?

~ Anne Maxwell

Anne :

Beaucoup de parents avec qui j'ai travaillé me disaient que les matins étaient difficiles. La mère d'une petite fille de sept ans à qui l'on avait diagnostiqué un léger autisme me racontait que dès l'instant où le réveil sonnait le matin, une énergie d'angoisse l'envahissait ainsi que toute la maisonnée, et bien entendu, les matins étaient généralement difficiles, avec des scènes, des emportements, de la colère, du drame et rien n'avançait. Elle me disait qu'elle décomposait les tâches comme on l'avait coachée à faire, donnant à sa fille une première chose à faire, et quand c'était fait, elle lui en donnait une autre. Pourtant, elle admettait que cela ne fonctionnait pas — au point où rien ne se faisait, même pas la première tâche. Et tout le monde dans la famille était énervé.

Nous avons parlé d'envoyer des images au lieu de décomposer les tâches verbalement pour sa fille. Je lui ai demandé de se rappeler un matin où tout avait été comme sur des roulettes et de puiser dans l'énergie de ce matin-là. Puis, je lui ai demandé d'envoyer à sa fille, aux autres enfants et à son mari une « image » de l'énergie des choses qui se font dans la paix et l'aisance. Ce qu'elle fit, et elle m'a rapporté que les matins ont changé pratiquement tout de suite.

Des semaines plus tard, elle a appelé pour me remercier et pour me dire qu'elle envoyait des images à sa fille qu'elle soit présente ou non, et qu'envoyer des images à distance fonctionnait « pas mal ». Elle racontait que sa fille réalisait beaucoup plus de choses le matin et que les matins, et en fait le reste de la journée aussi, étaient beaucoup plus aisés. Elle me raconta qu'elle ne devait plus dire à sa fille, lui rappeler, ou la houspiller pour qu'elle fasse les choses, et cela créait beaucoup plus d'aisance entre elles deux.

Gary :

Parfois, vous communiquez par images sans même vous en rendre compte, simplement parce que vous avez l'intention que votre enfant vous comprenne. J'ai parlé à un parent en Australie qui me disait : « Quand ma fille, autiste, était plus jeune, tout ce qui était nouveau la rendait très anxieuse. Si on allait faire quelque chose de différent, il fallait qu'on lui explique. Et comme le savent tous les adultes, il est souvent très difficile d'expliquer quelque chose de nouveau à un petit enfant. Je disais "Nous devons aller à Perth". Et elle demandait : "C'est quoi Perth ?" et ça continuait indéfiniment comme ça. Je pense que sans le savoir, j'ai commencé à mettre les choses en images, parce qu'au milieu de la conversation, elle disait "Oh oui, je me souviens. C'est OK." »

Anne :

Une maman m'a dit qu'elle envoyait des images à son fils de lui le prenant dans ses bras en rentrant à la maison à la fin de la journée – et il le faisait. Une autre maman m'a dit qu'elle envoyait des images à sa fille adolescente d'une chambre rangée et propre et, oh surprise, elle rangeait sa chambre ce week-end-là.

Gary :

J'ai montré à la mère d'un jeune garçon autiste comment communiquer par images. Le lendemain, elle m'a dit : « Ce matin, tandis que je le changeais, j'ai pensé lui télécharger ce que nous allions faire. Nous allions nous habiller et aller nous promener. Je lui ai téléchargé toute la matinée. Il était juste là et puis il a dit : « Chaussures ? » Alors, on a mis ses chaussures et il a dit : « Promenade ? »

Pour communiquer avec un enfant autiste, vous devez lui télécharger tout le tralala. Inutile de détailler point par point : « Tu fais ça, puis tu fais ça, puis tu fais ça. » Vous leur livrez le déroulement complet — c'est ce qu'ils peuvent capter. Ils sont si rapides ! Mais au lieu d'accélérer pour nous mettre à leur diapason, nous tentons de les ralentir pour vivre dans notre réalité. C'est une erreur que nous faisons. Leur réalité est beaucoup plus rapide.

Dain :

La plupart des enfants n'ont pas beaucoup de résistance. Ils sont prêts à suivre le courant et, contrairement à vous, ils n'ont pas d'horaire à respecter, ils ne doivent pas aller gagner de l'argent, et ils ne se soucient pas de leur retraite. Ils disent « Oui maman, je ferai tout ce que tu veux. » Tout ce que nous avons à faire, c'est de le partager avec eux.

Si votre enfant résiste à quelque chose, vous le saurez quand vous lui enverrez l'image, parce que l'énergie s'arrêtera net à cet endroit-là. Ce sera « Euh, cette partie où tu m'emmènes chez le dentiste, je ne suis pas sûr de ça, Maman. » Vous saurez quand commence la résistance parce que vous sentirez que l'énergie s'arrête.

Gary :

Une mère nous a raconté qu'elle téléchargeait l'information à son fils sur le fait d'aller à un rendez-vous chez un praticien de la santé holistique qui impliquait que le praticien touche la colonne vertébrale du garçon. Ce garçon n'aime pas être touché, alors sa mère avait tout fait pour que le rendez-vous soit le plus fluide et aisé que possible.

Quand elle lui a téléchargé l'information concernant le rendez-vous la première fois, il n'était pas très chaud, alors, elle a essayé à nouveau et lui a envoyé une image plus grande, plus complète de ce qui allait se passer et il était alors d'accord d'y aller.

Sur le chemin du retour après le rendez-vous, la mère lui a demandé : «Comment c'était?»

Le garçon a dit : «Oh, c'était bien.»

La mère lui demanda alors : «Il t'a touché, n'est-ce pas? Comment c'était ça pour toi?» et le garçon a répondu : «C'était bien.»

Dain :

Commencez à télécharger des petites informations aux enfants quand ils sont petits et puis continuez à expanser cela à mesure qu'ils grandissent. À un moment donné, ils vont commencer à télécharger vers vous aussi. Quand cela commencera à se produire, vous aurez une connexion et une communion avec eux qui sera tellement extraordinaire qu'ils n'auront pas besoin de se rebeller contre vous pour avoir un sens de soi. Et si vos enfants sont déjà plus grands, sachez qu'il n'est jamais trop tard pour commencer.

Très bientôt, vos enfants mettront des images de ce qu'ils veulent dans votre tête et vous les recevrez. Vous devez continuer à vous entraîner. C'est comme développer un muscle ou s'entraîner à une course de cinq kilomètres. La première fois que vous essayez, vous ne pourrez peut-être courir que cinq rues. Vous devez persister.

Gary :

Quand vous commencez ce processus de leur envoyer des images, ils vont aussi commencer à mettre des images dans votre tête. Vous vous retrouverez à aller à la cuisine pour aller chercher quelque chose pour eux et vous vous arrêterez en vous demandant «Qu'est-ce que je fais? Pourquoi est-ce que je viens chercher la compote de pommes?» Vous ne saurez même pas pourquoi vous le faites, parce qu'ils n'ont pas demandé la compote de pommes à haute voix.

Vos enfants vous ignorent-ils quand vous les appelez pour rentrer à la maison? Quand ils vous ignorent, essayez de les appeler dans votre tête plutôt qu'avec votre voix et voyez ce qui se passe.

Quand vous voulez qu'ils rentrent, envoyez-leur une image de rentrer en courant très vite à la maison. Au bout d'un temps, ils capteront l'image et diront «Il faut que je rentre maintenant.» Tous les enfants ont la capacité de faire cela, mais nous les désentraînons à cela en criant et en leur hurlant dessus. Vous devez aussi être prêt à faire ce saut étrange de réaliser que vous aussi êtes télépathe.

Dain et moi facilitions une classe X-Men en Australie à laquelle sont venus assister un mari et sa femme qui avaient trois garçons autistes. Ils m'ont raconté le cauchemar que c'était pour les préparer à l'école le matin. Les enfants ne voulaient tout simplement pas faire ce qui était nécessaire pour être prêts et ils n'arrivaient jamais à l'école à l'heure. L'un des enfants n'aimait pas manger, et ils se battaient avec lui pour qu'il prenne son petit déjeuner. Un autre ne voulait jamais s'habiller avant d'entrer dans la voiture et, même là, il ne voulait pas. Il voulait rester en pyjama toute la journée. Le troisième lambinait tout simplement et n'était jamais prêt à temps.

Je leur ai dit : «Vous devez leur donner l'horaire de la journée dans la tête, tout d'un coup. Envoyez-leur une image de ce qu'ils devront faire toute la journée.»

Ils ont dit : «OK, on va essayer.»

Ils sont revenus le lendemain soir pour la classe et ils ont dit : «Quelle journée formidable. Les enfants étaient levés, habillés, nourris et dans la voiture avant nous. Et à la fin de la journée, alors que d'habitude nous devons les chercher et courir après eux, ils nous attendaient au bord de la route. On n'a jamais eu une journée comme ça. Au dîner, notre enfant qui n'aime pas manger a mangé !»

J'ai dit : «Oui, vous devez juste leur donner tout le déroulement en une fois.» C'est la seule façon dont ces enfants perçoivent. Ils ne captent pas quand vous leur dites «On va faire ceci, et puis on va faire ça.» Ce n'est pas leur réalité. Tout se passe maintenant pour eux, alors il faut leur envoyer l'image de la journée entière et tout d'un coup vous aurez des enfants qui sont à l'heure, qui font ce qu'ils doivent et de la façon qui est requise pour vous.

8

Capter les pensées, sentiments et émotions des autres

Et si vous étiez bien plus conscient que ce que vous voulez bien admettre?

~ Gary Douglas

Gary :

Dans le milieu de la psychologie, le TOC (trouble obsessionnel compulsif) est défini comme un trouble de l'anxiété à travers lequel une personne a des pensées, sentiments, idées, sensations répétitives et indésirables (appelées obsessions) ou se sent poussée à faire certaines choses (appelées compulsions). On considère que la personne adopte ces comportements pour se débarrasser des pensées obsessionnelles, mais que le comportement n'apporte qu'un soulagement provisoire. Le fait de ne pas effectuer ces rituels obsessionnels peut causer une grande anxiété.

Il semble y avoir quelque vérité dans ces observations, mais dans le travail que nous effectuons avec des personnes qui ont des TOC, nous avons découvert quelque chose d'intéressant. Les pensées, sentiments et émotions de ces personnes ne sont en fait pas les leurs. Elles captent les pensées, sentiments et émotions ainsi que le sexe et pas de sexe de tout le monde, douze à douze mille kilomètres à la ronde.

Vous avez probablement une idée assez claire de ce que sont les pensées, sentiments et émotions, mais vous ne connaissez peut-être pas l'idée de sexe et pas de sexe. Quand nous disons *sexe* et *pas de sexe*, nous ne faisons pas référence à la copulation. Nous avons choisi ces mots parce qu'ils font remonter l'énergie de recevoir et de non-recevoir mieux que quoi que ce soit d'autre que nous ayons trouvé. Les gens utilisent leurs points de vue sur le sexe et le «pas de sexe» pour limiter leur recevoir. Le sexe et pas de sexe sont des univers excluants — des univers «soit ci, soit ça» — où soit l'on signale sa présence (sexe) à l'exclusion de tous les autres, soit on cache sa présence (pas de sexe) pour ne pas être vu. Dans les deux cas, l'attention est placée sur soi et on ne s'autorise pas à recevoir de qui ou quoi que ce soit.

Dain :

Imaginez que vous captez chaque pensée, sentiment et émotion, sexe et pas de sexe de tout le monde à douze mille kilomètres à la ronde. Est-ce que cela vous donnerait beaucoup de pensées, sentiments et émotions ? Oh oui !

Gary :

Est-ce que cela aurait tendance à surcharger votre système ? Oh oui ! Et c'est comme ça que se sentent les personnes qui ont un TOC.

Dain :

Quand le système est surchargé ainsi, le fait d'effectuer une action répétitive comme mettre quelque chose à sa place ou se laver les mains offre un certain soulagement. Ce sont les instants où vous êtes suffisamment concentré sur une seule chose pour pouvoir vous couper de la conscience de toutes les informations qui vous parviennent.

Gary :

On considère que le TOC est une affection ou un handicap ; toutefois, nous considérons ce genre de conscience comme une *capacité*.

J'ai travaillé avec une petite fille de huit ans que les parents s'apprêtaient à mettre dans une école spécialisée. Elle était compulsive à l'extrême. Elle se lavait sans cesse les mains en disant «Je suis désolée, je suis désolée, je suis désolée.» Nous avons travaillé ensemble pendant deux heures et au bout des deux heures, j'ai dit à la mère que sa fille était médium et qu'elle captait toutes les informations à cent trente kilomètres à la ronde.

La mère a répondu : «C'est ça oui.»

Quelque trois semaines plus tard, la mère m'a appelé et m'a dit : «Vous souvenez-vous que vous m'avez dit que ma fille était médium à l'extrême et qu'elle captait les pensées, sentiments et émotions de tout le monde autour d'elle ? Je pensais que vous disiez des conneries.»

C'est la phrase que j'entends le plus souvent dans mon travail. Elle a poursuivi : "Je ne vous croyais pas quand vous disiez qu'elle captait les pensées des gens, mais hier, j'étais dans la voiture avec elle. Je pensais à quel point je l'aimais et elle s'est retournée vers moi et elle m'a dit «Je t'aime aussi, Maman.» Elle avait entendu ma pensée exactement comment je l'avais formulée."

Avez-vous déjà fait l'expérience d'entendre quelque chose et d'y répondre et puis de voir que la personne vous dise bouche bée : «Oh !?» Vous avez entendu et vous avez répondu, mais l'autre n'avait rien dit; il l'avait *pensé*. Les enfants qui ont un TOC ont ces capacités. Et vous aussi.

Finalement, j'ai dû retravailler avec cette petite fille, parce qu'elle était assiégée par les pensées de coucher avec des femmes. Je lui ai dit : «Ferme les yeux et dis-moi d'où vient l'énergie.»

Elle a fermé les yeux et a indiqué l'appartement-garage voisin.

J'ai demandé au père : «Qui vit là ?» Il me dit : «Un ami à moi.»

J'ai dit : «Pourriez-vous aller le trouver et lui demander s'il regarde du porno ?»

Il s'est avéré que ce type regardait du porno pratiquement toute la journée et cette petite fille captait ses pensées de coucher avec des femmes et elle pensait qu'elle était sale.

Outil : Quelle perception as-tu ?

L'outil numéro un à utiliser avec quelqu'un qui a un TOC, c'est : Quelle perception as-tu ?

Ne demandez pas «Quelle émotion, pensée ou sentiment as-tu ?» parce qu'alors, c'est comme si ça lui *appartenait* – et ce n'est pas le cas. C'est quelque chose qu'il *perçoit*.

Dain :

Voyez-vous la différence entre *percevoir* quelque chose et le *sentir* ? Si vous dites «Je suis triste» vous venez de vous rendre triste — même si vous ne l'étiez pas. Si vous *sentez* quelque chose, vous le possédez et vous êtes alors ce que vous avez décidé que vous sentiez.

«Je perçois de la tristesse» est totalement différent. Cela signifie : «Je suis conscient de la tristesse.» Ce n'est pas nécessairement quelque chose que vous êtes.

Gary :

Je perçois tellement de choses dans mon corps et tout ce qui se passe dans les corps de tout le monde, en même temps. La seule façon pour moi de fonctionner, c'est de poser des questions à propos de cette conscience que je capte. Si je disais : «J'ai ce sentiment, ce sentiment et ce sentiment», je serais foutu. Je ne pourrais ni marcher, ni parler, si j'*avais* tout ce que je sens. Savoir que je peux *percevoir* tout ça et *en avoir conscience* sans me l'approprier crée une différence incroyable.

Les gens qui ont un TDA ou TDAH ou de l'autisme ont une capacité exceptionnelle à percevoir les pensées, sentiments et émotions des autres.

Anne :

Je travaillais avec la mère d'un garçon de neuf ans à qui on avait diagnostiqué un TDAH. Il avait également de nombreux traits autistiques non diagnostiqués. La maman travaillait régulièrement de la maison. Un jour qu'elle travaillait à la maison, son fils était aussi à la maison parce que c'était une journée pédagogique pour les enseignants de son école.

Le garçon était dans sa chambre à l'étage et la mère dans son bureau au rez-de-chaussée où elle était en réunion en direct sur son ordinateur. À mesure que la réunion avançait, elle était de plus en plus en colère contre certains de ses collègues.

Elle m'a raconté qu'elle ne parlait pas ni n'émettait aucun son. Elle ne bougeait même pas son siège ni ne bougeait de papiers sur son bureau. Son fils est descendu, l'a regardée et a demandé : « Est-ce que ça va Maman ? Tout va bien ? »

Elle a reconnu qu'elle était en colère à cause du travail, mais pas contre lui et il a dit : « OK, Maman. C'était juste pour vérifier ! Je ne savais pas si j'avais fait quelque chose de mal. »

N'est-ce pas génial qu'il ait pu percevoir sa colère, lui poser une question et ne pas se l'approprier ? Il savait qu'il n'avait pas causé sa colère et il n'a pas *senti* sa colère en se mettant lui-même en colère. Il la percevait simplement.

Le TDAH et les comportements perturbateurs

Gary :

Parfois, la capacité d'un enfant à percevoir les pensées, sentiments et émotions peut résulter dans ce qu'on appelle les comportements perturbateurs.

Je parlais à une femme dont la fille avait reçu un diagnostic de TDAH. Quand la fille était avec sa mère, elle allait généralement bien. Elle avait occasionnellement des crises. Quand elle était avec son père et sa belle-mère, elle était constamment en ébullition et ils ont fini par l'envoyer à l'internat et la mettre sous médicaments à cause de cela.

La fille rentrait vivre chez sa mère qui voulait connaître le meilleur moyen d'assister sa fille.

Dain :

Les gens qui ont un TDAH ont propension à capter l'anxiété et l'inquiétude des gens qui les entourent, et ils ont souvent un parent ou un époux de nature inquiète.

Gary :

J'ai dit à la mère : « Elle fait peut-être des coups d'éclat à cause de la situation entre sa belle-mère et son père. Elle a peut-être conscience d'un certain inconfort dans leur univers, mais elle ne sait peut-être pas comment gérer cela. Elle essaie peut-être de se détourner de leurs problèmes. »

La mère répondit : « Tout ça. »

Je lui ai demandé : « Allez-vous s'il vous plaît revendiquer, vous approprier, admettre et reconnaître que le plus gros problème de cette enfant est qu'elle est plus consciente que son père et sa belle-mère ne sont prêts à l'envisager ? »

Il faut vous rappeler que les enfants captent vos sentiments, pensées et émotions. Si vous êtes contrarié, inquiet ou préoccupé par quelque chose, ou si vous pensez qu'il y aura un problème ou que quelque chose sera difficile, devinez quoi ? Les enfants vont capter cela et dire : « Oh, ça va être difficile. » Il faut que vous soyez clair sur le fait que ces enfants sont bien plus conscients que vous ne l'admettez.

Les parents supposent souvent que les enfants se coupent de tout. Au contraire, ils reçoivent trop d'informations et ils ne savent pas quoi en faire. Soyez prêts à laisser s'en aller tous vos soucis pour que l'enfant n'ait pas de problème avec ce qui se passe dans votre univers.

Anne :

Il est tout à fait clair que les enfants captent les pensées, sentiments et émotions de leurs parents à leur sujet. Ils font alors tout ce qu'ils peuvent pour correspondre à ces pensées, sentiments et émotions dans une tentative de se connecter à eux ou d'être aimé par eux. J'ai travaillé avec une mère qui avait constamment des prises de bec avec sa fille adoptive de huit ans. Elle disait que sa fille s'en sortait assez bien à l'école, mais que c'était seulement avec elle qu'il y avait des problèmes et des crises de colère.

Elle m'a raconté que sa fille avait été placée chez elle et son mari quand elle avait deux ans. Elle avait été trouvée par la police, vivant dans une voiture avec son père qui était toxicomane et qui est mort peu de temps après. La mère raconta : « À deux ans, ma fille était "sauvage". Elle était totalement comme une bête sauvage. Je pensais qu'elle avait ce genre de problèmes à cause des privations et de la négligence qu'elle avait vécues et je me suis mise en tête de les régler pour elle. Je pense que je la voyais comme un problème à résoudre. »

Je lui ai demandé si elle était une bonne solutionneuse de problèmes et elle me répondit que oui.

Je lui ai demandé ensuite : « Et s'il n'y avait rien qui clochait chez votre fille ? Et si en piquant régulièrement des crises avec vous, c'était sa façon de vous aider à faire un bon boulot de mère en vous permettant de régler tous les problèmes qu'elle vous présente ? Et si ce qu'elle fait était une façon de vous montrer à quel point elle vous aime ? Je me demande ce qui pourrait changer si elle n'était plus votre problème. »

Des larmes coulèrent sur le visage de la femme puis elle a ri et elle dit : « C'est la première chose qu'on me dit qui fait sens pour moi ! » Quand je l'ai vue la semaine suivante, elle me raconta que les crises de sa fille avaient pratiquement disparu. Elle dit que quand elle avait arrêté de penser que sa fille était un problème qui devait être réglé, l'énergie avait basculé entre elle deux. Pour la première fois, elles se sont fait des câlins et se sont pelotonnées dans le divan une fois que les plus jeunes enfants étaient au lit, et cela avait été merveilleux. Elle me dit : « C'est tellement nouveau pour moi. Je n'aurais jamais pensé pouvoir passer des moments comme ceux-là avec elle… jamais ! »

Outil : À qui ça appartient ?

Gary :

Et si votre corps était comme une antenne radio géante qui captait les pensées, sentiments et émotions des gens qui vous entourent ? Et si 99,9 %

de toutes les pensées, sentiments et émotions que vous perceviez n'étaient pas les vôtres? Devinez quoi? Vous, tout comme les enfants dont nous avons parlé, êtes constamment en train de capter les pensées, sentiments et émotions qui appartiennent aux autres.

Voici un outil que vous pouvez utiliser quand vous percevez un sentiment, une pensée ou une émotion. Vous pouvez aussi le transmettre à vos enfants. Posez la question : à qui ça appartient?

Faites-le maintenant : prenez une pensée, un sentiment ou une émotion que vous avez eu ces derniers jours ou bien juste en ce moment et demandez : «À qui ça appartient?»

Quand vous posez cette question, est-ce que la pensée, le sentiment ou l'émotion s'allège ou s'en va? Est-ce que ça devient plus lourd? Ou est-ce que ça reste pareil?

Si ça s'en est allé, cela ne vous appartient pas. C'était une conscience des pensées, sentiments et émotions de quelqu'un d'autre.

Si c'est devenu plus léger, mais que ce n'est pas complètement parti, vous pouvez le retourner à l'envoyeur. Vous n'avez même pas besoin de savoir qui était l'envoyeur. Dites simplement : «Retour à l'envoyeur».

Si c'est devenu plus lourd, ou si c'est resté pareil, vous avez gobé que la pensée, le sentiment ou l'émotion vous appartenait. Dans ce cas, vous pouvez le «dégober» et le retourner à l'envoyeur.

Anne :

Un garçon de dix ans qui participait au programme des doués et talentueux d'une école élémentaire locale était aux prises avec des accès d'agressivité à l'égard d'autres enfants de l'école. Il était si rapide et si conscient – et tellement submergé par sa perception des pensées, sentiments et émotions de tout le monde, qu'il les avait prises pour les siennes. Il avait été suspendu de nombreuses fois et il croyait vraiment que quelque chose n'allait pas chez lui. Après l'une de ces suspensions, son père l'a amené à mon cabinet et nous avons commencé à travailler ensemble.

Durant nos séances, il choisissait généralement de jouer avec les Legos et nous parlions tandis qu'il créait. Un jour, il me dit qu'il aimerait bien pouvoir s'empêcher d'être agressif et pourtant, quand je lui offrais des outils comme «À qui ça appartient?» il levait les yeux au ciel et haussait les épaules.

Malgré tout, avec le temps, les suspensions ont diminué, et il a pu se faire quelques amis. Cet été-là, il participa à un atelier «Être vu et être entendu» que je facilitais. Un jour, il est monté sur scène et au lieu de chanter comme la plupart des autres enfants, il a choisi de parler à son public. Il s'est présenté et a dit à tous qu'il avait passé plusieurs semaines sans crise et qu'en fait, on l'avait complimenté d'avoir été un leader par le personnel du camp où il était (et dont il avait été renvoyé l'été précédent). Il s'est ensuite tourné vers moi et a dit : «Tu sais, cette question "à qui ça appartient?" Ça marche vraiment!» Et puis il s'est adressé directement au public et a expliqué comment ça fonctionnait et comment il l'avait utilisé à son avantage.

Outil : Pour qui fais-tu cela ?

Gary :

Beaucoup d'enfants qui ont des capacités comme le TDA, le TDAH, le TOC et l'autisme captent les sentiments et pensées des gens qui pensent du mal d'eux-mêmes. En vérité, ces enfants, quelque part au fond d'eux-mêmes savent qu'ils sont plus capables que les autres et ils essaient de prendre les sentiments et pensées des autres pour que ces personnes ne se sentent plus mal avec elles-mêmes. Malheureusement, ça ne fonctionne pas parce qu'on ne peut rien prendre des autres à moins qu'ils n'y consentent.

Dain :

La plupart des gens ne sont pas prêts à lâcher leurs mauvais sentiments, alors, si vous les leur prenez, ils en font encore plus. Et ensuite, vous essayez de les prendre aussi. Vous vous sentez plus lourd et ils font encore plus de mauvais sentiments. Vous prenez plus; ils en font plus. Vous en prenez plus; ils en font plus.

Si vous percevez qu'un enfant agit à partir des émotions des autres, vous pouvez demander : Pour qui fais-tu ça ? Par exemple, si quelqu'un qui a un TDAH dit « Je suis inquiet » ou « Je suis anxieux », vous pouvez demander « Pour qui fais-tu ça ? » Il réalisera probablement qu'il est anxieux à la place de quelqu'un d'autre.

Gary :

Les gens qui sont considérés comme handicapés ont tellement plus de conscience de ce qui se passe que ce que nous voulons bien croire. Beaucoup d'enfants sont émotionnellement handicapés simplement parce qu'ils absorbent trop d'émotions des gens qui les entourent. Ils ne distinguent pas ce qui leur appartient et nous ne leur apprenons pas que ces choses ne leur appartiennent pas.

Commencez par poser à vos enfants ces questions et apprenez-leur ces outils. Ils commenceront à les utiliser par eux-mêmes lorsque leur système sera surchargé d'informations qui appartiennent à d'autres. Ces outils les sortent de l'idée que leur perception est leur sentiment.

J'adore travailler avec les enfants. Ils saisissent instantanément ces outils et les utilisent d'emblée dans tous les aspects de leur vie. Nous laissons les enfants venir à n'importe quelle classe Access gratuitement jusqu'à l'âge de seize ans. Beaucoup d'enfants ont commencé à venir à nos classes tout petits et ils font toutes sortes de choses formidables.

Même les très jeunes enfants peuvent apprendre ces outils. Une petite fille du Queensland, en Australie, avait deux ans quand elle est allée à sa première classe Access Consciousness. Aujourd'hui, elle connaît et utilise de nombreux outils Access Consciousness. Un jour que sa mère avait une saute d'humeur, la petite fille lui a demandé : « Maman, à qui ça appartient ? » et lui a dit de le retourner à l'envoyeur. La mère a ri – et a retourné à l'envoyeur.

9

Travailler avec des enfants qui ont une conscience sphérique

La différence entre vous et ces enfants, c'est que vous avez défini le passé comme quelque chose qui a déjà eu lieu, vous voyez le futur comme un mystère et puis vous avez votre présent, que vous jugez misérable. Ils ne font pas cette distinction.

~ Gary Douglas

Gary :

Beaucoup de personnes autistes n'ont pas de facteur discriminant. Cela est également vrai pour le TDA et le TDAH. Leur conscience n'est pas linéaire comme la nôtre ; elles ont une conscience sphérique. Leurs récepteurs sont allumés, elles captent 300 chaînes de télévision simultanément et elles ne parviennent pas à distinguer les différentes chaînes. Et il n'y a pas de commande pour le volume. Elles reçoivent toute l'information en permanence et elles puisent simultanément dans toutes leurs vies passées et futures. Il n'y a pas de filtre à l'information qu'elles reçoivent.

Elles reçoivent tellement d'information qu'elles ne savent pas quoi en faire. Alors, soit elles se renferment sur elles-mêmes, soit elles deviennent dysfonctionnelles d'une façon ou d'une autre.

Dain :

Elles tentent de mettre de l'ordre dans quelque chose qui n'en a en réalité aucun.

Anne :

J'ai regardé récemment un film documentaire sur Temple Grandin, une femme extraordinaire, hyper performante, qui est autiste. Elle décrit dans le film comment elle reçoit les informations, et elle raconte une anecdote de l'un de ses professeurs de l'école secondaire qui l'interrogeait sur ses chaussures. Comme pour illustrer ce qui se passait dans l'esprit de Temple Grandin, l'écran explose de centaines d'images de chaussures de toutes sortes et elle parle aussi vite que possible pour tenter de décrire chacune des chaussures qui lui venait en tête, passées, présentes et futures, toutes enchevêtrées. Elle disait qu'elle recherchait un schéma parmi toutes ces informations et elle déployait tous ses efforts pour tenter de les décrire d'une façon qui fasse sens pour son professeur, ce qui était une tâche vraiment difficile.

Gary :

C'est exactement à partir de là que beaucoup de ces enfants fonctionnent. Vous posez une question, et ils partent d'un endroit totalement différent, et vous vous retrouvez à dire « Hein ? » Mais si vous persistez dans la communication, ils finissent par réunir tous les morceaux pour boucler la boucle ; et tout d'un coup tout ce qu'ils disent se connecte à la question que vous avez posée.

Ces enfants n'ont pas la construction passé-présent-futur comme nous ; ils ne fonctionnent pas ainsi. Ils ne pensent pas aux choses en termes de jours qui se suivent, lundi, mardi, mercredi. Cette construction n'a aucun sens pour eux. Je pense que c'est plus comme « Je vois toute cette semaine, toute la semaine dernière et toutes les autres semaines. Et pourquoi c'est si important pour vous les gars ? »

Leur fonctionnement est beaucoup plus proche du point de vue de celui d'un animal. Un cheval ne dit pas « OK, je dois balader ce stupide cavalier en rond pendant vingt ans avant de pouvoir retrouver la prairie. » Il dit simplement : « Oh, je vais faire ci ? Je vais faire ça ? OK, c'est bien. »

Nous créons des significations sur la base du temps, mais ils ne voient pas la signification du temps comme nous. Nous disons, « Nous sommes ensemble depuis vingt ans » ou « Ça s'est passé il y a 200 ans. » Ils demandent « Pourquoi c'est important ? Pourquoi tu rends ça important ? Je ne comprends pas. » Si vous envisagiez votre vie du point de vue que vous pourriez vivre 1000 ans, que rendriez-vous important aujourd'hui ? Est-ce que ce sera le fait d'aller faire la fête ce soir ?

C'est la même chose avec l'argent. Notre point de vue est que les enfants doivent apprendre à s'habiller, sortir, travailler et gagner de l'argent. Ils disent « Quoi ? Pourquoi ? Qu'est-ce qu'il y a d'important là-dedans ? » Ils n'ont pas ces concepts.

Alors, nous tentons de rendre les choses linéaires pour eux. Nous essayons de leur apprendre à distinguer les différentes chaînes, ce qui n'est pas une caractéristique ou une capacité qu'ils ont. Au lieu d'essayer de les forcer à rendre les choses linéaires, nous devrions leur donner des outils qu'ils puissent utiliser avec leur conscience sphérique.

Outil : Est-ce que ceci est passé, présent ou futur ?

Il est souvent très utile pour ces enfants de leur demander si quelque chose est passé, présent ou futur. Quand quelqu'un fonctionne dans une simultanéité de temps, d'espace, dimensions et réalités, tout est *maintenant*. Ce qui s'est passé il y a quatre trilliards d'années se passe là maintenant. Ils sont aussi dans le futur, et font le futur aussi. Si vous commencez à les aider à définir ce qui est passé, présent ou futur, ils pourront commencer à créer un certain ordre dans leur univers. Actuellement, ils n'ont pas de point de référence pour cela.

Les enfants qui ont ces capacités simultanées dont nous parlons voient ce qui va se passer dans le futur, et pour beaucoup d'entre eux c'est effrayant. Ils voient les limitations qui sont créées chaque jour, parce que leur univers change d'instant en instant, toutes les dix secondes. Ils voient que si vous faites ce choix-*là*, il va se passer *ceci*.

Est-ce une capacité ? Oui, c'est une capacité. Si nous avions tous cette capacité, aurions-nous fait les erreurs que nous avons faites sur cette planète ? Si vous saviez que vous alliez avoir un accident si vous prenez telle rue en voiture, prendriez-vous cette rue ou prendriez-vous un autre itinéraire ? Ces enfants peuvent voir que passer par cette rue ne va pas fonctionner – mais ils ne peuvent pas vous le faire voir. Pouvez-vous imaginer la détresse et la frustration que cela crée pour eux ?

De la même façon, beaucoup de ces enfants captent tout le chagrin du monde. La majorité des gens sur cette planète carburent à la tristesse, au chagrin et à la colère comme si c'était la vérité de la vie, et nombreux de ces enfants sont submergés par ces sentiments. Ils les perçoivent avec autant d'intensité parce qu'ils n'ont pas de régulateurs.

Nous pouvons dire : « Oh, cette tristesse ne m'appartient pas. Je l'ai captée de cette personne » ou « Je suis triste parce que cet événement s'est passé. » Pour eux, il n'y a aucun événement connecté à la tristesse ; elle existe tout simplement – et elle est partout. Elle envahit tout dans leur monde.

La plupart des enfants autistes semblent vivre dans leur propre univers privé. Ils sont tellement surchargés d'informations sensorielles qu'ils y répondent en créant leur univers privé.

Nous avons entendu parler d'une petite fille qui avait des épisodes psychotiques et qui construisait des abris antibombes deux jours avant le 11 septembre. Elle captait des informations sur l'attaque terroriste avant qu'elle n'ait lieu. Elle a fini dans un hôpital, abrutie de médicaments, et c'est problématique, car il est impossible de sortir les gens de la conscience par des médicaments. Cela ne fonctionne pas. Quand nous ne reconnaissons pas les capacités des gens, nous les rendons plus agités et pas moins. Et ils ne sont pas handicapés ; ils sont très conscients — d'une façon différente de nous.

Vous êtes-vous déjà retrouvé avec quelqu'un de très en colère mais qui ne l'exprimait pas ? Vous sentez toute cette énergie. Cela est totalement réel pour vous, mais quand vous le leur dites, ils pourraient répondre « De quoi parles-tu ? Tout va bien. » Vous savez que quelque chose ne va pas, mais ils le nient. C'est la même chose pour les enfants autistes. Ils perçoivent tout, mais personne ne reconnaît leurs perceptions. Leur monde semble abusif. Ils sont frappés de bâtons et de pierres. C'est très difficile et inconfortable pour eux. Reconnaître ce qui se passe et demander « Est-ce passé, présent ou futur ? » commence à déverrouiller la situation pour eux.

10

Être dans la nature, se connecter aux animaux, jouer, et explorer le monde

Les animaux ont de formidables cadeaux à nous offrir si nous sommes
prêts à les recevoir. Les chevaux, en particulier, veulent prendre soin de
nous. Avez-vous déjà remarqué que parfois quand vous montez à cheval,
vous vous sentez vraiment expansé, joyeux et heureux ? Comment cela se
fait ? C'est parce que vous avez été disposé à recevoir du cheval.

~ Gary Douglas

Gary :

Je discutais avec un parent qui demandait «Est-ce possible que nous réagissions aux enfants qui ont le TDA ou d'autres troubles comme si quelque chose n'allait pas chez eux parce que nous sommes habitués aux façons traditionnelles d'élever les enfants où nous disons "Assieds-toi et tais-toi. Tu mangeras quand on te le dira. Va au lit à l'heure"?»

La perception de cette personne était qu'une évolution de l'espèce était en cours depuis un certain temps, et cela inclut une évolution de la conscience des enfants. La génération qui arrive est plus consciente et plus active et les gens disent : «Quelque chose cloche avec cette génération d'enfants. Il y a sûrement quelque chose que nous puissions faire, parce que les discipliner ne fonctionne pas.» On entend ce genre de discussion depuis de nombreuses années.

Ce qui se passe en partie, c'est que la perception de comment élever un enfant a récemment basculé à 180 degrés. Par de nombreux aspects, nous avons retiré l'enfance aux enfants. On leur donne des heures de devoirs à faire, même quand ils sont au jardin d'enfants. Leur vie est hautement organisée et les horaires sont serrés. Ils ont peu de temps pour jouer de façon non structurée, être dans la nature ou explorer leur monde. Quand les enfants peuvent-ils être des enfants ? Ils devraient pouvoir aller jouer à l'extérieur, passer du bon temps et courir.

Anne :

Les enfants sont tellement conscients des avantages du jeu. Ils exigent de jouer, et ils nous font savoir à quel point c'est sot de ne pas le faire. Le jeu remplit de nombreuses fonctions dans le développement de l'enfant. C'est par le jeu que le langage verbal et les capacités physiques, psychologiques, sociales, cognitives et intellectuelles se développent. Pour les jeunes enfants dont les compétences verbales ne leur permettent pas de s'exprimer comme nous, le jeu est une forme première de communication. C'est à travers leur jeu qu'ils partagent avec nous leur monde intérieur. C'est par leur invitation à jouer avec eux que nous obtenons la possibilité d'avoir un aperçu de ce à quoi ressemble leur monde et comment c'est pour eux d'y vivre. Garry Landreth, l'un des premiers thérapeutes de l'Enfant à reconnaître le potentiel guérisseur d'amener le jeu dans le cabinet du thérapeute, disait : «Les jouets sont les mots et le jeu, le langage.»

Une petite fille de quatre ans et demi à qui l'on avait diagnostiqué une anxiété de séparation m'a été envoyée par son pédiatre. Selon sa mère, quand c'était l'heure d'aller à l'école, la petite fille se lamentait et pleurnichait et s'accrochait à elle. La mère était exténuée, ainsi que sa fille, et le personnel de l'école maternelle. La petite fille n'allait à l'école que quatre demi-jours par semaine (au lieu de cinq jours complets) et sa mère était désespérée. Le personnel de l'école rapportait que la petite fille pleurnichait et pleurait une bonne partie des matinées et qu'elle «refusait de participer aux activités de la classe, restait renfermée sur elle-même, avait peu de contact visuel et ne répondait ni au personnel ni aux autres enfants.»

Lors de mon premier entretien avec la maman, elle me décrivit tout ce qu'elle avait essayé pour aider sa fille, ainsi que toutes les suggestions que lui avaient faites le personnel de l'école, les proches et d'autres parents. Pratiquement toutes étaient basées sur le tort du comportement de la petite fille – et aucune ne fonctionnait. J'ai ensuite rencontré sa fille.

C'était une petite fille adorable, aux yeux clairs, curieuse et plutôt calme. Au bout de deux séances, elle m'a invitée dans son jeu. Je n'ai absolument rien vu de ce qu'on m'avait décrit. Je lui ai posé quelques questions tout en jouant avec les poupées et la maison de poupées.

Moi : Tu pourrais me dire ce qu'il y a avec ton école que tu n'aimes tellement pas ?

La petite fille : Pas de jouets !

Moi : Pas de jouets ?! (Elle suivait un programme alternatif qui avait des jouets, mais il n'y avait en fait pas de jeu libre. Il fallait jouer avec les jouets d'une façon précise, à un endroit et un moment précis.)

La petite fille : Pas de jouets !

Moi : C'est comment d'être dans une école sans jouets ?

La petite fille : *C'est pas amusant !*

Moi : Hmm…
Et c'était tout !

Dix jours plus tard, la mère est revenue me voir seule. Elle me dit que le lendemain de notre séance, sa fille s'est levée, habillée et avait envie d'aller à l'école. Quand elles sont arrivées à l'école, elle a dit au revoir à sa maman sans larmes. Cet après-midi-là, elle a demandé à sa maman si elle pouvait aller à l'école toute la journée, ce qu'elle a fait après les vacances qui arrivaient.

Et si le simple fait d'avoir reconnu que c'*est* idiot de ne pas pouvoir jouer à l'école comme nous le faisions dans la salle de jeu en thérapie était tout ce qu'il fallait à cette petite fille pour pouvoir choisir une autre façon d'être à l'école ?

Dain :

Les enfants ont besoin de temps pour explorer leur monde et voir comment il est. Ils ont besoin d'apprendre tout ce qu'ils peuvent par eux-mêmes, pas juste d'un point de vue mental, mais d'un point de vue énergétique.

Anne :

Une étude menée à l'université d'Illinois en 2011 a constaté que les symptômes des enfants diagnostiqués TDAH étaient plus légers quand ils jouaient à l'extérieur, dans des espaces verts et des parcs tous les jours, ou au moins plusieurs fois par semaine.

Gary :

L'une de nos amies a une ferme où elle invite des enfants autistes, TOC, TDA, TDAH à passer du temps dans la nature avec les animaux. Elle disait que les enfants s'apaisaient en quelques jours. Ils ont là-bas un sentiment de paix qu'ils n'ont pas en ville.

C'est en partie parce que nombreux d'entre eux entendent le vrombissement des câbles électriques en ville. Ils sont conscients de la vibration que crée l'électricité. Ce n'est pas un mal ; c'est une capacité de percevoir la vibration des câbles électriques, qui est omniprésente en ville. Les enfants la captent, mais ils n'ont pas de point de référence pour ce qu'ils entendent et ils ne savent pas quoi en faire. Quand ils quittent la ville, ce bourdonnement disparaît.

L'autre élément qui contribue à leur sentiment de paix, c'est le contact avec les animaux. Nous connaissons une dame aux États-Unis qui travaille avec les enfants autistes et les chevaux et elle raconte à quel point c'est incroyable de voir le nombre d'enfants en général incontrôlables — qui crient, hurlent et donnent des coups — qui s'apaisent quand ils montent à cheval. Elle raconte que dès qu'ils descendent de cheval, ils s'allongent sur le sol et font une sieste. Le cheval crée un sentiment de paix chez les enfants, parce qu'il se branche sur leur longueur d'onde. Il comprend télépathiquement ce que les enfants essaient de dire.

Beaucoup de chevaux qui ont des capacités de guérison prennent soin des enfants. Ils créent une communion avec eux de façon très dynamique.

Le cheval sait toujours quel enfant il veut. Il n'aime pas nécessairement tous les enfants, et il n'aura rien à faire des enfants qu'il n'aime pas, mais s'il établit une connexion avec un enfant, ils pourront avoir une relation merveilleuse.

Ce type de connexion et de communion se produit également entre les enfants et d'autres animaux. Les chiens en particulier aiment avoir une tâche et beaucoup d'entre eux ont de formidables capacités de guérison. Notre amie Suzy, qui murmure formidablement aux chiens, nous a parlé d'un chien avec lequel elle travaillait. Le maître du chien était une femme dont l'enfant était autiste. La femme était submergée par les soins qu'elle portait à son enfant et elle avait décidé qu'elle ne pouvait pas gérer et le chien et l'enfant, alors elle avait donné le chien.

Quand le chien est arrivé dans sa nouvelle maison, il a commencé à arracher la moquette. C'est alors que Suzy fut appelée pour communiquer avec lui et il s'est avéré que le chien savait qu'il était bénéfique à l'enfant autiste et il voulait retourner auprès de lui – mais son maître d'origine ne voulait pas de cela. C'était vraiment dommage parce que le chien avait clairement des capacités et voulait être une contribution pour l'enfant.

Les animaux sont comme les gens. Ils ont différentes capacités. Avoir un animal dans leur vie est un incommensurable cadeau pour tous les enfants, en particulier les enfants autistes. Les chevaux sont particulièrement formidables parce qu'ils communiquent télépathiquement. Ils sont si reconnaissants quand quelqu'un reçoit leur communication qu'ils vont nourrir cette personne de façon spéciale.

11

La zone

Ces enfants ne voient pas le monde comme nous.
Et nous ne voulons pas voir à travers leurs yeux. C'est notre erreur.
C'est notre tort, pas le leur. Nous devons voir ce qu'ils voient, plutôt que
d'essayer de les forcer à voir les choses comme nous.

~ Gary Douglas

Gary :

Il y a des années, j'entraînais des chevaux et après avoir commencé Access Consciousness, je me suis mis à chercher de meilleurs moyens de créer un sentiment de communion et de connexion avec les chevaux avec lesquels je travaillais. Ce faisant, j'ai découvert que chaque cheval a une zone dans laquelle tout est paisible. Dans la zone, il y a un sentiment de communion, de connexion et de savoir. J'ai découvert en travaillant avec les chevaux que si je créais une zone correspondante à celle du cheval, c'était un endroit où nous pouvions tous les deux nous connecter.

Dain dit que ça l'aide de penser à la zone en termes d'espace.

Dain :

Cet exercice pourrait vous permettre d'avoir une plus grande conscience de ce qu'est la zone.

Fermez les yeux. Avec votre conscience, atteignez et touchez les huit coins de la pièce où vous êtes. Expansez simplement votre conscience. Expansez maintenant votre conscience encore plus loin, pour être à dix kilomètres dans toutes les directions. Et maintenant, cent. Et maintenant, cinq cents. Et maintenant mille.

Gary :

La plupart d'entre nous avons tendance à marcher avec très peu de conscience de l'espace autour de nous. Parfois, notre espace est de la taille de notre cerveau. C'est important d'être conscient de cela, parce que quand nous travaillons avec des animaux, nous devons ajuster notre espace à l'espace qui est confortable pour l'animal. Tous les animaux ont une conscience de l'espace et un niveau d'espace dans lequel ils se sentent bien et en sécurité. Avez-vous déjà eu un chat ou un chien qui aimait être tout le temps dans la maison et qui détestait sortir ? Le seul espace qu'il voulait bien occuper était la maison. Ou bien avez-vous eu un animal qui ne voulait être qu'à l'extérieur ? J'ai eu des chats qui insistaient pour être à l'extérieur. Ils regardent le ciel et tout ce qui les entoure et vérifient tout. Quand vous êtes avec un animal comme cela, vous devez avoir le même type de conscience que lui pour qu'il puisse être en communion et en connexion avec vous.

J'ai un étalon dans un ranch près de Santa Barbara, et pour pouvoir le monter, mon espace doit aller à trente kilomètres dans toutes les directions. La tâche d'un étalon est de protéger le troupeau. Alors, si vous en montez un, vous devez occuper le même espace qu'il doit occuper pour se sentir en sécurité et calme. Si je réduis l'espace quand je monte mon étalon, il devient agité. Il se sent piégé. Mais si j'étends ma conscience suffisamment loin, je peux le monter dans un troupeau d'autres chevaux et marcher comme un hongre. Il est calme et à l'aise parce que je perçois tout ce qu'il perçoit et il se sent en sécurité.

Lors de l'un de nos ateliers sur les animaux, nous avons travaillé avec une chienne qui avait été trouvée bébé dans la nature et même après avoir vécu avec des gens pendant de nombreuses années, elle était toujours très timide. Elle se méfiait des gens et n'allait pas vers eux. Si un étranger s'approchait d'elle, elle commençait à trembler. Nous avons activé plusieurs processus d'Access Consciousness sur elle, mais elle n'a vraiment commencé à se détendre que lorsque j'ai demandé à son maître de sentir jusqu'où allait la zone de la chienne et d'expanser sa conscience à toutes les choses dont sa chienne était consciente. Le chien prêtait attention à toutes les odeurs, vues, sons et énergies, des kilomètres à la ronde.

Nous avons travaillé avec le maître du chien jusqu'à ce qu'il saisisse l'idée de s'expanser dans l'espace de la chienne, plutôt que d'essayer de contracter la chienne dans son espace à lui. Il s'est finalement expansé dans l'espace de la chienne et celle-ci s'est presque immédiatement apaisée et ses yeux se sont adoucis. C'était l'étendue d'espace dont elle avait besoin pour atteindre la zone de quiétude et de détente pour se connecter plus pleinement au monde.

J'ai dit au maître : «C'est important de ne pas en demander trop à un chien comme celui-là. Demandez un petit peu, et quand le chien le donne, demandez juste un peu petit peu plus et il vous donnera ça. Au lieu d'essayer de forcer le chien à être avec les gens, acceptez tout ce qu'il vous donne comme de la gentillesse, remerciez-le, récompensez-le pour cela et reconnaissez continuellement son espace et sa zone. Plus vous ferez cela, plus il sera affectueux et à l'aise.»

Les gens ont aussi une zone. Ils occupent une zone qui leur est naturelle. C'est l'espace dans lequel ils se sentent calmes et en sécurité et ont la capacité à se connecter.

Imaginez que vous ayez un enfant qui est submergé par toutes les informations qu'il reçoit.

Il n'a pas la capacité à limiter l'information qui arrive. Il capte tout ce qui se passe, y compris les pensées, sentiments et émotions de tous ceux qui l'entourent. C'est tout ce qu'il y a dans son univers; il n'y a pas de division entre ce qui est bien et mal, ce qui bon et mauvais, ce qui est présent et ce qui est passé, ce qui est et ce qui n'est pas.

Vous pouvez créer la zone pour lui. Quand vous créez la zone pour les enfants, vous établissez un endroit où la connexion et la communion peuvent exister, et ils comprendront alors qu'ils peuvent créer la zone pour eux-mêmes.

Dain :

Au départ, c'est quelque chose que vous faites pour eux. Vous prenez leur énergie et vous l'expansez dans la zone. Avec un très jeune enfant, vous pouvez dire « Voilà mon chéri » et expansez simplement l'espace qu'il occupe.

Gary :

Tout d'un coup, il va regarder autour de lui. Vous saurez alors que vous l'avez fait.

Vous pouvez aussi créer la zone pour les enfants en situation difficile. Par exemple, je parlais à un enseignant d'un élève qui était devenu très troublé quand il était dans une assemblée à l'école, entouré par d'autres enfants. Il commençait à produire beaucoup de sons perturbants.

Je lui ai dit : « Si vous pouvez créer la zone pour lui, il commencera à en sentir l'énergie et cela l'apaisera dans son corps. Vous devez simplement étirer l'espace pour qu'il ne se contracte pas dans ces circonstances. Au bout du compte, il reconnaîtra cela et s'expansera et ne se laissera plus sur stimuler. »

Vous devez vous exercer à créer un sentiment d'espace pour ces enfants parce que quand les choses arrivent sur eux, ils se sentent tellement affectés. C'est comme si quelqu'un leur tapait continuellement sur la tête. Ils se disent « Je n'arrive pas à gérer ça. » et ils essaient de se couper de tout — sauf qu'il n'y a pas réellement de moyen pour quelqu'un de si conscient de se couper de tout.

Continuez à créer cet espace et ils commenceront à réaliser qu'ils peuvent aussi le créer. Une fois qu'ils sentiront que vous le faites, ils se demanderont : « Hé, qu'est-ce que Maman ou Papa viennent de faire ? Qu'est-ce que le prof vient de faire ? Oh, je peux faire ça aussi. »

Dain et moi avons discuté avec un parent dont les enfants ne supportaient pas de porter des vêtements longtemps. Les enfants voulaient toujours se mettre nus. C'est comme s'ils étaient surchargés et confinés par les signaux sensoriels qu'ils recevaient, y compris la sensation des vêtements qu'ils portaient — sans parler des pensées qu'ils captaient des gens de leur entourage. Nous avons suggéré aux parents d'expanser la zone des enfants.

Il est utile également d'expanser la zone pour vous-même. Lorsque vous le faites, les pensées, sentiments et émotions que vous captez ne vont plus vous affecter de la même manière et cela calmera et soulagera votre enfant.

Vous pouvez créer cet espace, cette zone dans laquelle ils sentent «Oh, j'ai plus d'espace.» Si vous commencez à pratiquer cela, cela les aidera énormément.

Anne :

Avant d'avoir rencontré Gary et Dain, je ne réalisais pas que j'expansais la zone des enfants avec qui je travaillais. Je ne parvenais pas à expliquer clairement pourquoi les enfants qui n'avaient pas aimé d'autres thérapeutes parvenaient à se connecter à moi si rapidement et à réaliser tant de progrès. Mais aujourd'hui, cela fait parfaitement sens pour moi.

Je crée la zone pour les enfants — et pour leurs parents — et cela leur procure un espace paisible et calme. Ils peuvent se détendre. Ils peuvent baisser leur garde et considérer les éléments de leur vie et de leurs relations qui les ont amenés à me rencontrer. Créer la zone pour eux est une façon de les laisser être sans les juger et en posant des questions pour qu'ils puissent prendre conscience de ce qu'ils créent et des choix différents qu'ils pourraient faire.

L'une des façons dont j'essaie de créer la zone pour les enfants c'est de les recevoir totalement. Quand je les rencontre pour la première fois, c'est comme si j'ouvrais tous les pores de mon corps. Je les regarde et je fais «Salut!» Cela peut paraître être une simple introduction, mais c'est tellement plus que cela. C'est l'énergie de «Je suis si heureuse que nos chemins se croisent. Tu es génial comme tu es. Quoi que tu dises ou fasses est OK pour moi. Et je te vais te donner l'espace que tu requiers pour avoir ce que tu aimerais avoir. Tu peux me rejoindre dans cet espace.» Quand je fais cela, la plupart du temps, ils se détendent et m'invitent alors dans leur espace.

On me demande comment je travaille avec les enfants qui ne veulent pas entrer dans la pièce de thérapie par le jeu avec moi. Je ne force jamais les enfants à venir dans la pièce avec moi s'ils ne le veulent pas. Par contre, j'expanse leur zone, et à quelques rares exceptions près, ils choisissent toujours de venir dans la pièce. La zone est l'endroit où nous nous connectons.

Souvent la zone d'un enfant s'effondre quand il se sent critiqué, invalidé ou « en tort ». Quand cela arrive, le fait que je leur pose des questions pour les aider à voir la vérité de qui ils sont les aide expanser leur zone.

Une petite fille de dix ans, brillante, hyper performante et qui s'agite facilement, est récemment venue me revoir après une pause de trois ans. Elle nous regardait sa mère et moi avec un regard noir, pas contente de se retrouver dans mon cabinet. Quand je lui ai demandé pourquoi elle était revenue, elle me répondit « Ma mère pense que quelque chose cloche dans mon cerveau ».

J'ai demandé à la mère si elle pensait qu'il y avait un problème avec le cerveau de sa fille.

Et la mère répondit : « Pas du tout ! »

La fille m'a regardée, et sans utiliser de mots, dit : « Pas vrai ! »

Je lui ai demandé, « Voudrais-tu savoir où j'en suis avec tout ça ? » Elle fit *oui* de la tête.

J'ai dit : « Je ne crois pas que quelque chose cloche chez toi. En fait, je pense que tu es une fille extraordinairement talentueuse, avec des capacités que les autres n'ont pas. Est-ce que je peux te poser quelques questions ? »

Elle fit *oui* de la tête.

« Est-ce que ton esprit va plus vite que celui des autres gens ? » Elle fit *oui* de la tête.

« Est-ce que tu sais ce que les gens pensent et ressentent, même s'ils ne te le disent pas avec leurs mots ? »

Elle fit *oui* de la tête.

« Quand quelqu'un dit ou fait quelque chose, peux-tu dire comment ça va se passer, avant même que ça se passe ? »

Elle fit *oui* de la tête.

« Es-tu parfois frustrée ou en colère quand les gens ne te suivent pas ou n'arrivent pas à te suivre ? »

Elle fit *oui* de la tête.

« Et s'il n'y avait vraiment rien qui clochait chez toi ? Et si tu pouvais apprendre quelques outils pour que soit plus facile pour toi d'être vue et entendue et d'avoir tout ce que tu aimerais avoir dans la vie ? »

Son corps s'est allumé, elle a commencé à sourire et un rire qu'elle tenta d'abord de réprimer — mais en vain — éclata.

« Oui ! » dit sa mère. « C'est ce que j'essayais de dire ! Je ne savais simplement pas comment. »

Les enfants adorent quand on leur donne la permission d'être dans leur zone. Quand ils sentent qu'ils ont cette permission, ils sont prêts à apprendre des outils qu'ils peuvent utiliser pour être vus et entendus pour pouvoir être dans le monde extérieur avec plus d'aisance et de paix. Je leur demande s'ils peuvent « maintenir cet espace de qui et où elles sont », puis, tout en maintenant cet espace et en restant dans leur zone, s'ils peuvent entrer dans le monde des autres pour leur donner ce qu'ils requièrent.

Gary :

Nous pouvons tous fonctionner ainsi tout le temps. Mais nous avons tendance à nous contracter dans un petit espace, comme si c'était tout ce dont nous devions nous préoccuper. Lorsque nous faisons cela, nous créons notre espace de préoccupation. Qu'en est-il alors de notre espace de conscience ? Si nous fonctionnions avec un point de vue expansif, un espace de conscience, nous n'aurions pas de problèmes. C'est vraiment à partir de cet espace que nous devrions fonctionner.

12

Quand les enfants
semblent être très loin

À cause de l'autisme, je pensais tout le temps à ce que je voyais avec une telle extrémité de détails, que c'était comme si je ne pensais pas du tout.

~ Un garçon autiste de douze ans

Anne :

Parfois, les enfants sont tellement absorbés par ce qu'ils font qu'ils semblent disparaître. Nous disons d'eux qu'ils sont « dans un autre monde », « dans leur bulle ».

Quand les parents tentent de capter leur attention, ils sont reçus par un silence. Pour certains, c'est comme si leur enfant ne les avait même pas entendus. Il serait tentant de considérer cela comme un manque de respect, une marque d'opposition ou de méfiance. Et si ce n'était pas le cas ? Et si les enfants étaient tellement branchés sur ce qu'ils font qu'ils ne remarquent même pas la voix de leurs parents ? Beaucoup d'enfants ont simplement besoin de temps pour se déconnecter de ce font qu'ils sont en train de faire, surtout si c'est quelque chose d'amusant, avant de pouvoir passer à quelque chose d'autre de moins amusant comme aller à l'école ou venir à table pour le dîner. Si nous *exigeons* avec impatience qu'ils arrêtent ce qu'ils font et qu'ils reviennent à cette réalité *maintenant*, les choses ne se passent généralement pas bien. Ils ne veulent pas s'arrêter aussi rapidement et ils résistent durement, soit en essayant de nous bloquer ou en explosant. Et nous nous énervons.

Et si notre exigence pouvait être formulée par une invitation ou une demande ? Et si cette demande pouvait être présentée d'une façon qui soit plus aisée pour vous, votre enfant et toutes les personnes concernées ? Et si vous pouviez les approcher d'une façon calme et respectueuse, pour qu'ils puissent entendre ?

Parfois, on parvient à capter l'attention d'un enfant en disant simplement «Coucou!» Si toutefois vous êtes pressé, il y a de fortes chances que l'enfant restera où il est. Mais si vous pouvez être présent avec lui et puiser dans l'espace où il se trouve, il est beaucoup plus probable qu'il sera disposé à vous rejoindre là où vous êtes.

Les parents d'un garçon de sept ans, avec un trouble du spectre autistique, qui recevait des services de son école publique me racontaient à quel point il adorait être seul et jouer avec ses Legos des heures durant. Tous les autres membres de la famille, ses parents et ses trois frères et sœurs étaient extravertis. Ils adoraient aller au restaurant, au cinéma, voyager et découvrir de nouveaux lieux, ce que lui n'aimait pas. Sa mère me disait qu'il «gâchait» les sorties en famille parce qu'il piquait généralement des crises si énormes quand il devait sortir, que personne ne voulait être avec lui.

Un jour où je m'entretenais avec les parents sans lui, ils m'ont parlé de tout cela. Le point de vue de la mère était que son fils devait agir davantage comme le reste de la famille et cesser d'être si différent. Elle était en colère contre lui parce qu'il «contrôlait» tout le monde. Elle avait tendance à aborder son fils par la confrontation, ce qui menait immanquablement à des crises, des larmes et du désespoir. Le père était plus détendu par rapport au garçon. Il avait tendance à avoir plus de patience et avait un point de vue plus clément sur le comportement de son fils, tout en reconnaissant que lui aussi se sentait frustré par les fréquents conflits.

Le père m'a raconté que la veille, ils étaient sortis manger avec leur fils et que la soirée s'était déroulée sans incident. Il a demandé à la mère si elle avait remarqué cela. « Oui, mais ça n'arrive pas souvent. »

Je leur ai demandé ce qui avait été différent. Le père dit que vingt minutes avant l'heure de quitter la maison, il avait trouvé son fils en train de jouer aux Legos au sous-sol et s'était assis à côté de lui. « On était juste là ensemble, et au bout d'un certain temps, je lui ai rappelé que nous devions bientôt partir pour aller manger. Il a continué à jouer. Il m'a montré ce qu'il faisait, et j'étais là avec lui. Je lui rappelais régulièrement que nous allions bientôt partir. Puis, quand il a été l'heure de partir, il a dit qu'il préférait rester à la maison, mais il a mis ses chaussures et est quand même venu. »

La mère le regarda, fit une pause et dit : « Je n'ai pas autant de temps ! », à quoi le père répondit : « Mais tu as le temps pour des scènes de trois heures ? »

L'un des principes sous-jacents de mon travail avec les enfants et les familles depuis toutes ces années est que le comportement est une forme de communication. Je demande aux parents « Que vous dit votre enfant quand il fait une scène ? Quand il pleure de manière inconsolable ? Quand il ne veut pas sortir de la maison ? Quand il disparaît dans son propre monde ? »

Qu'est-ce qui a fonctionné dans l'approche du père ? Mon point de vue est qu'en passant tranquillement du temps avec son fils en reconnaissant ses intérêts et sa préférence de rester à la maison sans essayer de le convaincre ou de sous-entendre que quelque chose cloche chez lui, le père s'est connecté énergétiquement avec son fils. Il est devenu une invitation pour son fils à les rejoindre, et lui et le reste de la famille, à passer la soirée ensemble. Et si c'était tout ce qu'il fallait pour passer une soirée paisible ensemble ?

Les enfants s'impliquent tellement dans ce qu'ils font, que c'est presque comme s'ils étaient *dans* le livre, ou qu'ils *devenaient* le livre, le jeu, ou le film, plutôt que de lire le livre, regarder le film ou jouer au jeu. Gary suggère de poser les questions suivantes que j'ai trouvées très efficaces pour amener les enfants à me rejoindre où je suis. Ces questions doivent toutefois être posées gentiment et sans accusation :

- Où es-tu ?
- Est-ce que tu viens de disparaître ?
- Es-tu conscient que tu peux rester en dehors du livre tout en étant conscient de tout ce qu'il y a dans le livre ?

Outil : S'expanser dans toutes les directions

Quand je travaille avec les enfants, en particulier les enfants qui s'impliquent si totalement dans ce qu'ils font qu'ils résistent à être avec les autres, je les encourage à avoir conscience de ce dont ils sont conscients, tout en voyant, écoutant et entendant ici et maintenant, ce qui expanse leur attention dans toutes les directions. Quand ils s'expansent dans toutes les directions, ils peuvent avoir conscience de tout ce dont ils sont conscients tout en fonctionnant dans cette réalité avec les professeurs, les parents et autres membres de la famille d'une façon qui est légère pour eux et leur entourage.

Voici un moyen d'apprendre aux enfants à faire cela, que j'ai moi-même appris de Dain et que j'ai ensuite complété (ce que vous pouvez faire vous-même également !)

Mettez-vous à l'aise, assis ou allongé. Fermez les yeux.

Percevez votre être et votre corps. Votre être c'est ce qui va au loin sans fin. Certaines personnes appellent cela votre âme ou votre esprit. Le Dr Seuss dit que personne n'est « plus vous que vous ».

Puis percevez votre corps. Est-ce que votre corps est dans votre être, ou est-ce votre être qui est dans le corps ? Votre corps est dans votre être !

Maintenant, rendez votre être plus grand que votre corps... Plus grand que la pièce...

Expansez-vous dans toutes les directions, vers le haut, vers le bas, vers la droite, vers la gauche, vers l'avant, vers l'arrière... Plus encore...

Au-delà de votre ville.

Au-delà de votre pays.

Au-delà de la planète… Au-delà encore !

Au-delà de la lune… Au-delà de Jupiter…

Jusqu'aux bords extérieurs de l'Univers…

Là… à partir de cet espace, y a-t-il quoi que ce soit qui vous contrarie ? Pouvez-vous même voir une contrariété ?

Si vous faites cet exercice avec vos enfants, ils pourront le faire par eux-mêmes, où qu'ils soient. À partir de cet espace, ils pourront donner aux professeurs, parents, aux autres enfants ou coaches, ce qui est requis dans l'instant, sans se perdre.

Une fois encore, c'est simple. Demandez-leur de s'expanser et d'être présents. Ils maîtriseront vite et ils verront immédiatement combien leur vie peut être plus aisée.

Un avertissement !

Si vous enseignez ces outils à vos enfants, ils vous proposeront de les utiliser avec vous.

Une mère m'a raconté cette histoire où elle et ses filles de six et neuf ans étaient dans la voiture, sur l'autoroute.

La mère : Oh, I j'ai un tel mal de tête !

Sa fille de neuf ans : Maman, à qui ça appartient ?

La mère (en riant parce que son mal de tête avait instantanément diminué) : Oh, pas moi ! Merci !

Sa fille de six ans : Maman, tu veux que je t'aide à devenir plus grande ? La mère : Bien sûr !

Sa fille de six ans : OK, maman, ferme les yeux. Sa fille de six ans : C'est pas une bonne idée. Elle conduit.

Sa fille de six ans : OK, maman, garde les yeux ouverts et fais-toi plus grande que la voiture… plus grande que l'autoroute…

Comment ça devient encore mieux que ça ?

« S'expanser » est l'un de mes outils Access Consciousness préférés et je les utilise souvent. Cela crée instantanément un espace dans mon corps qui me permet de répondre et d'agir différemment et de façon beaucoup plus aisée pour moi et tous ceux qui m'entourent.

Outil : Qui es-tu, là ? Où es-tu ?

Mon amie Trina est ergothérapeute dans le système scolaire public. Elle raconte qu'elle utilise souvent une variante de l'outil d'expansion. Un jour, elle travaillait avec une petite fille de cinq ans avec un diagnostic d'autisme, entre autres syndromes. Cette petite fille ne la regardait pratiquement jamais dans les yeux. Elle se tapait souvent la tête par terre, pleurait, hurlait et montait dans les tours dans des scènes dramatiques.

Quand cela arrivait, Trina prononçait le prénom de la petite fille et puis lui demandait : « Qui es-tu, là ? » Parfois, Trina devait répéter plusieurs fois son prénom. Trina a en elle une grande douceur et le fait donc sans être dans la confrontation. Quand elle faisait cela, la petite fille s'apaisait pratiquement toujours. Après Trina lui demandait, « Où es-tu ? » À ce stade, Trina raconte que l'enfant se calmait encore plus et la regardait dans les yeux. Trina lui demandait alors « Et si tu pouvais rester là-bas et venir jouer avec moi ici ? » Quand elle fait cela, l'enfant maintient le contact visuel et peut être présente et jouer avec elle.

Ma formation initiale mettait l'accent sur le fait qu'avoir l'air d'être loin était une marque d'irrespect. Je savais à l'époque que ce n'était pas juste, mais je ne savais pas ce que c'était. Je suis tellement reconnaissante d'avoir ces outils et de pouvoir les transmettre. Nous vous encourageons à jouer avec ces outils, à vous amuser avec eux. Et dites-nous ce que vous et vos enfants créez ainsi ensemble.

13

Et si le TDA et le TDAH étaient en fait des cadeaux ?

Les gens qui ont un TDA ou TDAH sont les plus grands multitâches de l'univers.

~ Dr Dain Heer

Gary :

Ces dernières années, un nombre énorme d'enfants ont reçu le diagnostic du TDA ou TDAH et les médecins tentent souvent de leur donner des médicaments comme la Ritaline pour les ralentir. De ce que j'ai pu voir, c'est une grande erreur. Ma fille aînée avait le TDA et ils voulaient lui donner de la Ritaline, alors j'ai commencé à faire quelques recherches pour en trouver les effets à long terme.

La Ritaline est un stimulant du système nerveux qui agit différemment en fonction des enfants. Il rend certains enfants impulsifs, ce qui peut expliquer un pourcentage notable de garçons (et dans une moindre mesure, de filles) sous Ritaline qui ont des comportements criminels en grandissant. Dans certains États, la question « Êtes-vous sous Ritaline ? » a été ajoutée aux rapports de routine de la police impliquant des mineurs. Chez d'autres enfants, le système nerveux est submergé de Ritaline, ce qui en fait de gentils zombies bien élevés.

Anne :

La mère d'un garçon, qui est maintenant dans la vingtaine, m'a raconté qu'il avait été diagnostiqué TDAH quand il était enfant. Elle disait : «Je me suis battue contre une famille de médecins pour l'empêcher d'être mis sous Ritaline et au régime faible en sucre. Je savais qu'il était différent et qu'il était beaucoup plus conscient que les autres enfants. Aujourd'hui, il est sur le point d'entrer à la London School of Economics pour y obtenir un Master dans des matières peu banales. En plus de cela, il compose, écrit des scénarios et des nouvelles et c'est un être merveilleux, chaleureux et conscient. »

Cela peut valoir la peine de demander s'il est réellement requis de mettre l'enfant sous médicament ou si d'autres possibilités existent.

Gary :

Personnellement, je crois qu'aucun médicament n'est vraiment bon pour le corps. J'imaginais que le corps avait la capacité de s'ajuster par lui-même si on est prêt à le laisser faire, alors j'ai tenté de découvrir comment gérer la soi-disant incapacité de ma fille à se concentrer. Quand j'ai commencé à travailler avec elle, j'ai rapidement découvert que si la télévision et la radio étaient allumées en même temps, elle parvenait à faire ses devoirs en moins de vingt minutes. Comment cela se fait ? Parce qu'elle était capable de recevoir des niveaux d'informations sensorielles entrantes beaucoup plus élevés que la plupart d'entre nous.

Les enfants qui ont le TDA ou le TDAH essaient de placer leur attention sur une seule chose et avant de pouvoir y parvenir, leur attention a déjà été déplacée ailleurs. Et lorsqu'ils sont centrés sur cette deuxième chose, ils ont déjà déplacé leur attention ailleurs. Ils reviendront peut-être à la première. Ou pas.

Il est possible d'éviter la frustration d'essayer de les forcer à se concentrer sur une seule chose quand on réalise qu'ils ont besoin d'un niveau d'informations sensorielles entrantes plus élevé que la moyenne et qu'on leur permet d'avoir le niveau entrant requis pour qu'ils se sentent à l'aise.

Il n'est pas toujours évident pour les parents de laisser leurs enfants faire cela. Ils croient que les enfants ne sont capables que de faire une chose à la fois, mais ce n'est clairement pas le cas. Une mère me demandait : « Que faire avec un enfant qui est capable de faire ses devoirs avec la TV et la radio allumées mais qui a un parent qui insiste sur le fait qu'il n'est capable de faire qu'une seule chose à la fois ? »

J'ai demandé : « Alors, ce n'est pas toi ce parent ? » Elle répondit : « Non, je suis l'autre parent. »

Je lui dis : « Dis à l'autre parent, "Hé, j'ai parlé à ce gars bizarre l'autre jour et il a une idée de ce qu'on pourrait faire avec notre fils. Tu veux essayer ?" »

La mère dit : « Il va dire que puisque *bizarre* est le mot-clé, c'est non. Y a-t-il quelque chose que je puisse dire qui ferait en sorte qu'il n'ait plus de point de vue fixe ? »

Je lui ai dit : « Dans ce cas, chaque fois qu'il dit "Non, ça ne fonctionnera pas" ou "Non, je ne veux pas que notre fils fasse ça", tu peux dire (en ton for intérieur) "Tout ce qu'il vient de dire, je détruis et je décrée", ce qui pourrait aider à défaire l'énergie solide de son refus d'essayer quelque chose de nouveau. »

Puis j'ai dit : « Tu pourrais probablement faire faire son devoir à ton fils avant que son père ne rentre à la maison si tu dis : "Si tu fais ton devoir immédiatement après l'école, je te laisserai regarder la télévision et écouter la radio pendant que tu le fais." »

Dain :

Les gens qui ont le TDA et le TDAH sont les plus grands multitâches de l'univers. Ils peuvent écouter la radio, regarder la télévision et enregistrer une conversation dans leur entourage tout en faisant leur devoir. Ils se diront : « Ah, j'ai enfin assez à faire ! » Ils cherchent toujours à avoir plus d'entrants sensoriels.

Gary :

Ils veulent toujours plus de choses à faire, plus de choses à faire, et encore plus de choses à faire, et c'est justement ce pour quoi ils sont considérés comme perturbateurs à l'école. Ils passent d'une chose à l'autre. C'est « Hé, qu'est-ce que tu fais ? » Ils veulent s'impliquer dans tout. Leur point de vue est : « Qu'est-ce que je peux encore ajouter à ma vie ? Qu'est-ce que je peux encore faire ? Qu'est-ce que je peux encore faire ? » Les enfants qui ont cette capacité ont un énorme besoin d'avoir beaucoup de choses à faire. Ils sont le plus joyeux et productifs quand ils ont plus à faire que ce qu'ils ne pourraient accomplir.

Anne :

Étant moi-même absolument multitâche, l'un des plus beaux cadeaux que j'aie reçus de Gary et Dain fut la réalisation que c'était OK de faire plus d'une seule chose à la fois. Mes bulletins scolaires disaient des choses comme : « N'est pas à la hauteur de son potentiel » et « N'effectue pas son travail dans les temps. » Je pensais qu'il y avait quelque chose qui clochait chez moi parce que mes professeurs n'avaient de cesse de dire que je ne parvenais pas à être attentive, à me concentrer ou à terminer les choses. Je me souviens que l'un de mes frères m'a raconté que lui et son épouse faisaient des paris sur le temps que je pourrais rester assise quand je montais étudier. Il ne fallait jamais longtemps avant que je me lève pour aller chercher quelque chose, aller chercher à boire, allumer la radio, appeler un ami ou lire un magazine.

Aujourd'hui, je fonctionne le mieux quand j'ai plusieurs projets simultanés. Comment est-ce que je sais quoi faire ? Je demande. C'est toujours une simple question, comme : "Que dois-je faire ? À qui dois-je parler ? Quel projet requiert mon attention maintenant ? Quand je pose ces questions, je sais toujours quoi faire ensuite. Je ne fonctionne plus à partir de l'espace où je me sens en tort parce que je ne finis pas une chose avant de passer à la suivante. J'écris, je crée des classes, je fais la lessive, je travaille dans le jardin, je fais de la soupe et je parle au téléphone et les choses se font. Pour moi, c'est une façon joyeuse, mais aussi productive, de fonctionner. Et quand je n'ai qu'une seule chose à faire, cela me prend une éternité pour la terminer.

Jake

L'une de mes amies qui est consultante dans une école primaire m'a raconté une expérience qu'elle avait eue avec un garçon qui avait un TDAH.

On l'avait envoyée à l'école pour travailler avec quelques élèves. Le premier qui s'est porté volontaire pour travailler avec elle était un garçon qui s'appelait Jake. On disait de lui «Il est tellement TDAH! Attends de le rencontrer. Il est hyper, hyper, hyper.» Mon amie me raconta : 'C'était comme si chaque fois qu'ils disaient «Jake» ils l'avaient nominé comme l'égérie du TDAH.»'

Elle est entrée dans la classe de Jake et s'est présentée à son professeur, Mademoiselle Smith. Tandis qu'elle parlait à Mademoiselle Smith, Jake se tenait debout à côté de Mademoiselle Smith, bougeant ses mains et lui tapotant sur l'épaule en disant «Mademoiselle Smith, Mademoiselle Smith, Mademoiselle Smith.»

Chaque fois qu'il prononçait son nom, Mademoiselle Smith disait : «Attends une minute Jake ; dans une minute, Jake.» Mon amie observait la frustration grandissante de Mademoiselle Smith tandis qu'elles poursuivaient leur conversation. Elle voyait bien que Mademoiselle Smith était à deux doigts d'atteindre sa limite et que Jake était sur le point d'exploser, alors elle s'est détournée de Mademoiselle Smith et a dit : «Salut Jake.»

Il dit : «Ouaip?»

Elle dit : «Tu sais comment tu entends trente-cinq personnes en même temps?» Il dit : «Euh, euh.»

Elle dit : «Tu sais quoi ? Mademoiselle Smith ne peut pas faire ça ; elle ne peut entendre qu'une personne à la fois. Est-ce que tu pourrais honorer ça et savoir qu'il n'y a rien qui cloche chez toi et qu'il n'y a rien qui cloche chez Mademoiselle Smith ?»

Jake dit : «Bien sûr.» Et il s'est arrêté.

Mon amie savait que dans son univers, Jake ne les interrompait pas. Il était capable de faire un million de choses à la fois et il n'avait pas conscience que les autres ne puissent pas nécessairement fonctionner aussi bien que lui de cette façon. En reconnaissant la capacité de Jake d'entendre de nombreuses personnes à la fois plutôt que de le réprimander pour son incapacité à attendre en silence, mon amie a fait savoir à Jake ce qui était requis dans cette circonstance sans exploser ou le rendre différent, handicapé ou en tort. En fait, elle lui a fait savoir qu'il était un gamin assez cool — il fallait juste qu'il attende qu'elle et Mademoiselle Smith aient terminé leur conversation — parce que Mademoiselle Smith ne fonctionne pas comme lui.

14

Être avec des enfants qui ont le TDA ou le TDAH

*Quand vous entrez dans quelque chose de différent, vous
ouvrez l'espace pour que cela puisse exister, où avant il n'y avait
pas d'espace pour que cela « soit ».*

~ Dr Dain Heer

Anne :

Dans le chapitre précédent, nous avons parlé du TDA et du TDAH comme de dons et ils peuvent certainement l'être. Nous avons aussi reconnu que le TDA et le TDAH peuvent représenter un défi pour les enfants, les parents, les enseignants, étant donné que les enfants qui ont le TDA ou le TDAH semblent être déterminés ou frénétiques et que certains ont tendance à exploser. On peut facilement se sentir frustré avec eux. Parfois, ils semblent tellement éparpillés, distraits et dissipés. Les parents et les enseignants veulent qu'ils soient attentifs, réalisent des tâches, restent sagement assis alors que leur attention va dans tous les sens. Ils veulent être impliqués dans tout. Cela peut être absolument exaspérant !

Une amie qui est membre du personnel d'éducation spécialisée dans une école élémentaire me raconta l'histoire qui suit à propos d'un garçon, Joey, qui avait été étiqueté TDAH. C'est l'une de mes histoires préférées, car elle illustre le don de la conscience qui fait partie intégrante du TDA et du TDAH — tout comme les défis que les parents et les enseignants doivent relever lorsqu'ils s'occupent de ces enfants dont l'attention semble être attirée dans tant de directions différentes.

Comme on avait demandé à mon amie d'effectuer une évaluation de Joey, ils se sont installés tous les deux au calme dans les locaux de l'école tandis qu'elle rassemblait ses observations pour l'évaluation. Elle était consciente qu'il l'écoutait et qu'il était disposé à participer aux tâches qui lui étaient présentées. Toutefois, malgré sa volonté d'être en relation avec elle, il tournait souvent la tête pour regarder quelque chose ou bien ses yeux partaient fixer quelque chose dans l'une ou l'autre direction.

En classe, cela aurait pu être interprété comme de la distractibilité ou un manque d'attention. L'enseignant aurait pu conclure : «Oh, il ne m'écoute pas.» Pourtant, mon amie savait que ce n'était pas un manque d'attention. Elle voyait bien qu'il était conscient et attiré par une énergie.

Elle lui demanda : «Hé, que se passe-t-il? Qu'est-ce que c'est?», ce à quoi il répondit : «Oh ce sont des enfants qui marchent.» Tandis qu'il disait cela, elle prit conscience d'enfants qui marchaient dans le couloir de l'autre côté du campus. Peu de gens auraient entendu cela, et elle valida sa perception. Elle savait que si elle lui avait dit qu'il était distrait ou qu'il ne faisait pas attention, elle l'aurait invalidé ainsi que ce dont il était conscient.

Ils poursuivirent l'évaluation et quelques minutes plus tard, elle vit son attention se détourner à nouveau. Elle demanda encore : «C'était quoi ça?» Il dit : «Des enfants qui parlent.» Elle dit : «OK.» et elle se brancha. Très certainement, des enfants parlaient dans la cour de l'école.

Peu de temps après, ses yeux filèrent vers le ciel. Elle demanda : «Que se passe-t-il?».

Il répondit : «Un avion.» Elle pensa : «Oh, c'est intéressant. Il n'y a pas d'avion.» Puis, une minute plus tard, elle entendit l'avion. Il en était conscient avant qu'il ne soit visible ou audible. Il avait perçu l'énergie arriver.

Et si la frustration et l'exaspération que vous vivez peut-être avec le TDA ou TDAH de votre enfant n'avait pas à dicter votre relation avec lui ? Et cela ne devait pas définir votre relation ? Et s'il y avait un moyen de reconnaître et apprécier les capacités de votre enfant — même en plein cœur de son comportement éparpillé ou dissipé ?

Et s'il y avait quelque chose que vous puissiez faire qui assisterait vraiment votre enfant avec le TDA ou TDAH ?

TDA et TDAH, quelle est la différence ?

Avant 1994, la seule différence entre le TDA et le TDAH était le « H » d'*hyperactivité*. Le TDA, ou trouble de l'attention déficitaire, décrit les symptômes liés à l'inattention ; le TDAH ou trouble de l'attention déficitaire et l'hyperactivité décrit ces symptômes ainsi que ceux de l'hyperactivité et de l'impulsivité. Puis, en 1994, la communauté médicale abandonna le TDA en tant que diagnostic et attribua des sous-catégories au TDAH : 1) à prédominance d'inattention (l'ancien TDA) ; 2) à prédominance hyperactive et/ou impulsive ; et 3) le type qui combine les deux. Bien que ce fut un changement officiel, à ce jour, beaucoup de gens font référence au TDA pour décrire l'inattention.

Les implants

L'une des choses que Gary et Dain ont découvertes, ce sont les implants responsables de nombreuses difficultés liées au TDA et au TDAH.

La plupart des gens connaissent bien l'idée des implants dentaires ou des implants mammaires, qui consiste à implanter des substances dans le corps physique. Nous ne parlons pas de ce genre d'implants ici, mais nous faisons référence à des implants énergétiques. Par exemple, une chanson qui tourne en boucle dans la tête est un implant. Quand un parent, un enseignant ou un ami vous dit que quelque chose est vrai alors que ce ne l'est pas, et que vous le croyez, ou que vous faites tourner cette information en boucle, c'est un implant. Les choses que vous faites par habitude, comme tourner les doigts dans les cheveux, c'est un implant. Il n'y a pas de conscience dans un implant. La chanson, la fausse déclaration, ou l'habitude ont été implantées dans votre univers et se répètent à l'infini.

Souvent, les pensées, sentiments et émotions constituent aussi des implants qui ont été insérés dans votre univers. Par exemple, si on vous a dit et répété quand vous étiez enfant que vous étiez stupide et qu'on vous a étiqueté avec un trouble de l'apprentissage, vous croiriez que c'est vrai. Le jugement « Tu es stupide » deviendrait un implant dans votre univers.

J'ai un ami qui a aujourd'hui la quarantaine, qui est brillant. Il a créé un business de plusieurs millions de dollars et il est à la pointe dans son domaine. Il me confiait récemment qu'il avait passé ses années d'éducation secondaire dans les classes d'éducation spéciale parce qu'on l'avait « marqué » comme ayant des troubles de l'apprentissage. Sa réponse à la honte et au dénigrement fut de faire des scènes et ses parents et professeurs en ont vu de toutes les couleurs ! On lui avait dit qu'il ne serait jamais accepté à l'université parce qu'il n'apprenait pas bien et trop lentement. Ce n'était pas vrai. Comme je le disais, il est brillant. Est-il différent ? Certainement ! Pense-t-il comme les autres ? Certainement pas !

Malheureusement, comme de nombreux enfants X-Men, il n'avait pas d'outil pour gérer la folie de sa vie et il a passé de nombreuses années à boire, à essayer d'engourdir sa conscience, ce qui ne faisait que valider le jugement qu'il était stupide et idiot et que les gens dans sa vie ne voyaient jamais sa brillance et ne pouvaient reconnaître ce qui était vrai. Cet ami ne boit plus, et pourtant, malgré son succès en affaires, il se bat encore contre les démons d'être stupide et pas assez bon. Il est triste de voir que la maladie mentale et l'addiction sont les recours des X-Men dont personne ne saisit qui ils sont, que personne ne reconnaît et qui se sentent en tort et jugés.

Gary :

Les implants créent une vibration particulière en nous ; ils deviennent des éléments qui nous impactent et nous maintiennent captifs. Ils exercent une emprise sur notre vie. Les implants énergétiques liés au TDA et au TDAH sont plus puissants et envahissants que les exemples donnés ci-dessus et, pour la plupart, se sont produits avant cette vie. Les implants connectés au TDA et au TDAH maintiennent ces enfants dans le mode frénétique de cette réalité. Ils ne sont pas capables d'être calmes, posés et sereins quand ils le désirent. Ainsi, ils peuvent être extrêmement actifs, toujours physiquement en mouvement, comme s'ils étaient mus par un moteur, ou tellement inondés de données et d'informations qu'ils ne parviennent pas à se concentrer sur grand-chose, ou les deux. Ils peuvent aussi parfois sortir de leurs gonds facilement, comme le disait Anne, ils ont tendance à exploser.

Nous avons constaté qu'il était possible de supprimer ou défaire ces implants par un processus d'Access Consciousness qui peut être pratiqué par les facilitateurs d'Access Consciousness. J'ai travaillé avec un garçon de huit ans avec un TDA pendant qu'il regardait la télévision. Il a senti que je puisais dans son énergie (sans toucher son corps), il s'est retourné et dit : « Que fais-tu ? »

Je lui dis : « Je nettoie juste des trucs qui te rendent la vie difficile. »

Il dit : « Oh » et continua à regarder la télévision. Il sentait chaque fois que je touchais en lui et que je passais les implants en revue. En quelques minutes, tous les implants étaient désactivés.

Le lendemain, sa mère m'appela en me disant, hystérique, « Remets-le en ordre ! Il a été dehors à découper la boîte d'un frigo pour fabriquer une maison. Je préférais quand il me collait aux basques tout le temps à me réclamer de l'attention. C'était mon bébé. Vous m'avez enlevé mon bébé. »

J'ai répondu : « Désolée, je ne peux pas faire ça. Je ne peux pas le remettre en ordre.

Une fois partis, ils sont partis. Vous feriez bien de vous habituer à lui ainsi. »

Prendre l'énergie des autres

Ces enfants sont psychiquement conscients. Dès lors, outre les implants, une grande partie de leur soi-disant hyperactivité est liée au fait qu'ils prennent l'énergie de tout le monde pour la leur, ainsi, dans une situation calme, ils peuvent être différents. Les enfants TDAH ont une propension à capter l'angoisse et l'inquiétude des gens qui les entourent. Ils ont généralement un parent ou un beau-parent de nature inquiète, ce qui fait qu'ils ont tendance à percevoir intensément cette inquiétude.

Anne :

J'ai récemment eu une séance avec un garçon de sept ans avec son père. L'épouse du papa, la belle-mère du garçon, les avait récemment quittés. Depuis lors, le garçon piquait des crises à l'école et à la maison. Durant la séance, il ne tenait pas en place. Il était constamment en mouvement, souvent assis à l'envers sur la chaise avec la tête près du sol et ses pieds en l'air. Son père commença à le réprimander : « Petey, tu dois t'asseoir correctement et écouter. »

Ce à quoi j'ai rapidement répondu : « En fait, il écoute et participe vraiment à notre conversation et je n'ai pas de problème à ce qu'il ne reste pas tranquille. »

Beaucoup de gens penseraient qu'il s'agit d'un signe de manque de respect pour quelqu'un de ne pas rester assis tranquillement à se concentrer et à prêter attention. Ce que je voyais c'était que le sujet de notre conversation était difficile pour le garçon et son père, et Petey s'en accommodait du mieux qu'il pouvait. Ils parlaient de leur relation et de leur vie depuis que la belle-mère du garçon était partie ; c'était une conversation qu'ils n'avaient pas pu avoir jusque-là.

À mesure qu'ils parlaient des changements qui étaient survenus dans leur famille, le père s'est apaisé et avec lui, Petey s'est aussi calmé. Il gigotait encore un peu, mais il était beaucoup plus calme. Si je m'étais fixée sur ses comportements, rien de tout cela n'eut été possible. Le père se serait de plus en plus énervé de ne pas pouvoir contrôler son fils, et Petey aurait été de plus en plus hyperactif.

De mon point de vue, la reconnaissance du père des changements qui avaient lieu dans leur vie était un facteur clé pour les faire basculer tous les deux dans un espace différent. La reconnaissance est une chose magique, car elle valide notre conscience.

Il y a aussi toute une série d'outils essaimés tout au long de ce livre qui peuvent être précieux lorsque les enfants captent l'énergie, l'inquiétude, les émotions les, pensées et les sentiments des autres. En voici quelques-uns parmi mes favoris :

- À qui appartient cette perception ?
- À qui ça appartient ?
- Retour à l'expéditeur
- Pour qui fais-tu cela ?

L'activité physique

En plus d'encourager les parents à autoriser leurs enfants à faire plusieurs choses en même temps lorsqu'ils font leurs devoirs et à utiliser les outils et processus d'Access Consciousness, je souligne également l'importance de l'activité physique, que ce soit en classe, pendant les récréations ou après l'école. Cela aide tous les enfants à relâcher leur énergie et à pouvoir rester assis calmement en classe plus longtemps et cela fait une différence énorme pour les enfants TDA et TDAH.

Dain :

Faites bouger leur corps, même si ce n'est que faire quelques fois le tour du bloc à pied. Moi, je vais courir, ou nager ou je fais des pompes, ou je me couche sur l'un de ces rouleaux qui détendent mes muscles — tout ça — et quand je me lève, je me sens tellement mieux.

Anne :

Les parents d'un petit garçon très brillant de six ans, qui se situe du côté léger/modéré du spectre autistique et également diagnostiqué TDAH, ont acheté un trampoline qu'ils ont installé dans leur jardin.

Ils ont rapporté une énorme différence dans le comportement de leur fils quand il joue régulièrement sur le trampoline. Il est moins « sur la brèche » quand il pratique régulièrement le trampoline.

La mère d'une fille TDA de sept ans rapporte une amélioration similaire des symptômes quand elle va régulièrement nager. Elle adore être dans l'eau ! Elle fait partie d'une équipe de natation dont elle est l'une des meilleures nageuses. Avant de pratiquer la natation, elle piquait fréquemment des crises, avait beaucoup de mal à l'école, ne parvenait pas être attentive et se sentait généralement malheureuse. Depuis qu'elle avait découvert la natation, elle parvenait mieux à gérer les hauts et les bas quotidiens et à faire ses devoirs avec une certaine aisance et avait beaucoup plus confiance en elle. Elle me raconta : « Mon corps aime nager ! ».

Les enfants TDA ou TDAH vont beaucoup mieux lorsqu'ils peuvent être à l'extérieur, passer du temps avec des animaux, courir et jouer. C'est expansif pour eux. Leur corps adore ça. Ils ne vont pas bien lorsqu'ils sont confinés dans des petits espaces. Ils ont besoin d'avoir la permission d'être en mouvement !

Questions à vous poser :

Et voici quelques questions pour vous en tant que parent :

- Jouez-vous avec votre enfant ?
- Aimez-vous regarder votre enfant faire ce qu'il aime ?
- Vous amusez-vous avec votre enfant ?
- Sinon, aimeriez-vous que ce soit le cas ?
- Et si vous pouviez jouer avec lui ?
- Comment ça serait d'aller au-delà de cet endroit où votre enfant est un problème pour entrer dans un espace où la différence qu'il est est célébrée et où vous vous amusez bien ensemble ?
- Que faudrait-il pour que ce soit le cas ?
- Et si vous n'aviez pas besoin de savoir à l'avance comment les choses vont tourner ?

Si vous ne jouez pas beaucoup avec votre enfant, que faites-vous ? Et si vous vous y mettiez simplement maintenant ? Soyez présent ! Soyez vous-même ! Vous pourriez dire à votre enfant :

« J'adore te regarder nager ! »
« Est-ce que je peux encore te voir faire ça ? »
« Est-ce que je peux jouer avec toi ? »

15

Parer aux emportements

Si le comportement est une forme de communication, que disent les enfants quand ils font des scènes, piquent une crise ou sanglotent de manière incontrôlable ?

~ Anne Maxwell ~

Anne :

Les enfants peuvent s'énerver et exploser pour des tas de raisons. Toutefois quand l'emportement est là, beaucoup de parents et enseignants tentent de calmer l'enfant, de le distraire ou de l'en faire sortir, ou d'employer l'une ou l'autre tactique pour mettre fin à l'emportement plutôt que d'être avec cet emportement et se demander ce qui se passe dans le monde de l'enfant.

Comme je l'ai dit au chapitre onze, l'un des principes sous-jacents de ma pratique est que le comportement est une forme de communication. Dès lors, chaque fois qu'on me parle d'enfants qui explosent, je pose en premier lieu les questions suivantes :

- Qu'est-ce que l'enfant est en train de dire ?
- Que nous dit-il ?

Quand ces questions sont posées avec curiosité, ouverture et sans point de vue, elles apportent énormément d'informations sur ce qui est communiqué à travers la crise ou l'emportement. Quand je pose ce genre de questions, j'ai une idée de ce qui se passe dans l'univers de l'enfant. Poser ces questions me fait aller au-delà de ce qui est «bien» ou «mal» pour aller dans l'espace des possibilités. Cela me fait aller au-delà d'une explication facile du type «Il pique une crise chaque fois que les choses ne vont pas comme il veut» pour aller dans l'espace où l'on se demande ce qui se passe qui provoque ce degré d'explosion autour d'un incident en apparence anodin.

Un autre principe sous-jacent de ma pratique est que les gens font de leur mieux avec les outils et les informations qu'ils ont à leur disposition sur le moment. Voici d'autres questions que je me pose face à l'emportement d'un enfant :

- Est-ce que c'est ce que l'enfant peut faire de mieux maintenant ?
- Si oui, que se passe-t-il dans son monde qui crée ce comportement ?
- Qu'est-ce qui est juste dans ce comportement que je ne capte pas ?

Et si le comportement qui semble si inapproprié vous disait quelque chose que vous devez absolument savoir à propos de votre enfant ? Et si c'était l'expression d'un besoin de votre enfant que vous ne captiez pas ? Et si vous écoutiez cette communication d'une façon qui vous permettrait de changer certaines choses qui rendraient la vie plus facile pour toutes les personnes concernées ?

Les enfants X-Men fonctionnent tellement différemment qu'il nous faut façonner notre réponse en fonction de qui ils sont et de ce qu'ils requièrent pour que cela fonctionne bien. De mon expérience, nombreuses des interventions cognitives et comportementales qui fonctionnent avec d'autres enfants ne fonctionnent pas bien avec eux. Il nous faut donc découvrir ce qui va vraiment fonctionner avec eux.

Chaque enfant est unique et répond de façon différente, mais j'ai constaté qu'il y a un certain nombre de déclencheurs d'emportements que beaucoup d'enfants ont en commun. Notamment, la frustration face à la lenteur avec laquelle tout se meut, quand on les « dirige » ou quand on leur dit ce qu'ils doivent faire, quand ils n'ont pas le choix, quand ils ne sont pas reconnus ou écoutés, ou quand ils sont jugés ou critiqués. Les enfants X-Men ont aussi des irritations ou explosions qui expriment la colère (réprimée) des autres.

Quand on aborde ces choses avec les enfants – et quand les parents et les enseignants commencent à utiliser une approche différente, le comportement des enfants change vraiment. Même si cela ne paraît pas possible dans l'instant, il est vraiment possible de prévenir les emportements ou de les désamorcer plus rapidement une fois qu'ils sont là. Avec de la pratique et avec le temps, les crises durent en général moins longtemps et se produisent moins souvent et sont moins intenses.

Trop lents

Nous avons mentionné dans plusieurs chapitres précédents le fait que les enfants qui ont le TDA, TDAH, des TOC ou de l'autisme, fonctionnent plus vite que les autres. Ils ne doivent pas aller de A à B à C pour comprendre quelque chose. Souvent, ils sont capables d'aller de A à Z instantanément et quand on leur donne tort pour cela ou qu'on leur dit qu'ils doivent ralentir, ils se mettent en colère.

J'ai vécu cela personnellement l'autre jour. J'allais à la banque et je n'avais que quelques minutes pour acheter un mandat bancaire. L'employée de banque était bavarde. Elle n'en finissait pas de parler des courses qu'elle allait faire après le travail ce jour-là et quand elle parlait, elle s'arrêtait de faire ce qui était nécessaire pour me fournir ledit mandat. Je pensais que ma tête allait exploser ! Inutile de dire que je n'ai pas piqué de crise, mais c'était absolument insupportable de me ralentir pour la retrouver là où elle était. Et étonnamment, quand je me suis ralentie, elle a accéléré.

Si votre enfant est super rapide et qu'il a tendance à être frustré parce que tout est lent autour de lui, vous pouvez lui demander « Sais-tu à quel point tu es rapide ? Est-ce que cette personne peut suivre ton rythme ? » Prendre conscience que l'autre n'est pas à même de le suivre pourrait tout changer.

Vous pourriez aussi dire «Je me demande si tu pouvais savoir à quel point tu es rapide et à quel point cette autre personne est beaucoup plus lente.»

Ou bien, vous pourriez tenter ceci : «Pourrais-tu être à une vitesse que l'autre peut entendre?» L'utilisation des mots *être* et *entendre* ne correspond pas aux définitions habituelles que nous avons de ces mots parce qu'il s'agit de l'énergie. Parfois, les parents ne comprennent pas cela, mais les enfants oui! Essayez et voyez comment ils répondent.

Ne pas avoir le choix

La plupart des adultes n'aiment pas qu'on les dirige ou qu'on leur dise ce qu'ils doivent faire. Cela leur donne l'impression qu'ils n'ont pas le choix. Ils trouvent cela dévalorisant et se sentent privés de leur pouvoir. Et parfois cela les met tout simplement très en colère! Ils veulent être traités avec respect et courtoisie. Il en va de même pour les enfants.

Une maman me racontait que sa fille de quatre ans pleine d'entrain et extrêmement brillante a commencé à faire une scène quand sa mère lui a annoncé où ils iraient manger ce soir-là.

«Non, je ne veux pas aller là!», dit-elle catégoriquement à sa mère.

Alors que la petite fille s'agitait de plus en plus, la mère s'est soudain rappelé qu'elle avait dit à sa fille qu'elle pourrait choisir le restaurant où ils iraient. Elle lui a dit : «Chérie! Je viens de me rappeler que je t'ai dit que *tu* pourrais choisir le restaurant. Après avoir dit ça, nos amis nous ont appelés et nous ont invités à les rejoindre et j'ai complètement oublié ce que je t'avais dit. Je suis désolée!»

Le père de l'autre famille a immédiatement vu ce qui se passait. Il savait que la petite fille adorait les milk-shakes et il dit : «Ils ont de vraiment bons milk-shakes. Si on va là, tu pourrais en avoir un.» La petite fille a instantanément changé d'avis. Elle a arrêté de faire des histoires, et nous a accompagnés de bon gré et tout le monde a passé du bon temps.

Qu'est-ce que ces adultes ont fait de si efficace? Ils ont reconnu qu'ils avaient retiré, par inadvertance, le choix de la petite fille, ils l'ont reconnu et ils ont proposé un tout nouveau choix qu'elle était heureuse d'accepter.

Ne pas être reconnu

Les enfants s'énervent aussi quand ils ne sont pas reconnus. Une mère est venue me voir au sujet de son fils de six ans. Ce garçon n'était pas là, mais elle avait emmené sa fille de presque trois ans. À la fin de la séance, nous étions debout dans l'embrasure de la porte et la mère voulait encore me dire quelque chose. Tandis qu'elle me parlait, sa fille l'interrompait constamment. La mère semblait de plus en plus mal à l'aise, ignorait sa fille qui était de plus en plus insistante. Elle s'est mise à gémir et voulait sortir de la pièce toute seule. J'ai demandé à la mère si je pouvais parler à sa fille. Elle m'a regardée d'un air surpris et me dit «Oui.»

Je me suis agenouillée près d'elle et je lui ai demandé si elle voulait ajouter quelque chose. Elle a regardé sa mère en disant : «Maman, j'aime bien Jamie (son frère). On joue.» Sa mère sourit, détendue et dit «Merci.»

Qu'est-ce que la petite fille savait sur son frère qu'elle tentait de communiquer à sa mère? Se pourrait-il que ce soit le fait que même si sa mère et son frère avaient du mal, elle ne voyait rien de «mal» chez son frère? Ou était-ce une invitation pour sa mère à jouer avec Jamie, pour être moins intense avec lui? Ou bien invitait-elle sa mère à un espace différent?

Il était clair que la petite fille souhaitait être une contribution pour sa mère et son frère. Et même si cette contribution n'était peut-être pas claire cognitivement, énergétiquement, cela changeait tout. Sa mère a basculé dans un espace différent et a cessé de focaliser sur les «problèmes» avec son fils. La mère a souri à sa fille et elles sont parties main dans la main.

Gary :

Reconnaître les enfants est crucial. Ma fille cadette parle toujours à son fils d'un an comme à un adulte. Elle dit des choses comme «Veux-tu bien ranger ça ? » « Veux-tu bien faire ceci, s'il te plaît ? » Et il le fait. Il saisit le concept de ce qu'elle luit dit et elle lui envoie aussi des images par la pensée, pour qu'il sache ce qu'on lui demande.

Et si nous savions que tous les enfants communiquent télépathiquement et que nous les traitions comme s'ils étaient des êtres infinis avec une capacité infinie à comprendre ? Pensez-vous que cela créerait une différence dans la façon dont ils répondent au monde ?

Il n'y a pas de raison pour que les enfants qui ont un TDA, TDAH, de l'autisme ou des TOC aient un quelconque problème si nous sommes disposés à être plus conscients et à les reconnaître pour les êtres infinis qu'ils sont. Nous créons des problèmes quand nous insistons pour qu'ils se conforment à nos plans ou projets ou quand nous exigeons qu'ils changent pour devenir quelque chose qu'ils ne sont pas.

Le jugement

Anne :

Parfois, les irritations des enfants peuvent être moins visibles. Parfois, ils semblent se retirer à l'intérieur d'eux-mêmes, ils se rendent invisibles ou ont des larmes sans sanglots. Ce sont des enfants dont les irritations prennent la forme du désespoir. Le fils d'amis à nous, âgé de onze ans, avait été envoyé chez son oncle et sa tante pour une semaine dans le Vermont. C'est un garçon pétillant, créatif, conscient et sensible. Mais le séjour ne se passait pas bien. Selon l'oncle et la tante, sa maison lui manquait et il comptait les jours pour rentrer chez lui. Sa mère avait dit à son frère (l'oncle du garçon) qu'il adorerait aller chasser et marcher avec lui et le garçon avait décliné toutes les propositions de son oncle.

J'ai demandé à mon amie de me parler de son frère et, avec hésitation et à contrecœur, elle me dit qu'il avait tendance à être extrêmement jugeant et à toujours remettre la faute sur les autres quand les choses ne se passent pas bien. Elle ajouta « C'est impossible de bien faire ou d'être assez bon à ses yeux. Ses critiques sont cinglantes. »

On pourrait se demander pourquoi la mère du garçon envoyait son fils dans un environnement si hostile. En parlant avec elle, j'ai découvert que leur famille était très soudée et accordait beaucoup de valeur à la loyauté et, de ce fait, c'était difficile pour elle de reconnaître la vérité sur son frère. Elle considérait son opinion négative de son frère comme un jugement, voire même une forme de trahison. En fait, en l'occurrence, ce n'était pas du tout un jugement, mais une conscience du fait qu'il était méchant.

Qu'est-ce que ce garçon était en train de dire, en comptant les jours pour rentrer chez lui, puis les heures ? Que disait-il à tout le monde en déclinant les invitations de son oncle ? Manquait-il de respect ? Était-il un « fi-fils à sa maman » comme le disait son oncle ? Avait-il besoin de « se durcir » ? Ou bien disparaissait-il face au jugement incessant de son oncle ? Sa maison lui manquait-elle vraiment ou bien était-ce le moyen le plus simple qu'il avait trouvé pour gérer le stress d'être dans un environnement qui manquait de bonté ?

Ce garçon n'est pas mon client, je n'ai donc pas eu l'occasion de lui parler. Cependant, si j'avais pu, je lui aurais posé des questions pour lui permettre d'avoir plus de prises de conscience sur son oncle et sur lui-même. Je lui aurais demandé : « Qu'est-ce que tu sais sur ton oncle ? » et je n'essaierais pas de lui parler pour le sortir de son savoir. Je le reconnaîtrais.

Je soulignerais la différence entre *percevoir* la méchanceté et le manque de gentillesse, et le *sentiment* de le mériter. Je lui parlerais du jugement et de la critique, et de la différence entre le jugement comme quelque chose que l'oncle faisait et prendre le jugement pour soi, se « l'approprier » comme une vérité sur soi.

Je dirais aussi « Chaque fois que quelqu'un te juge, c'est parce que c'est *lui* qui fait ou est ce qu'il juge chez toi. Donc, quand quelqu'un te juge comme pas assez bien, cela indique simplement que *l'autre* se sent comme pas assez bien. Il projette son jugement de lui-même sur toi. C'est insensé — parce que ça n'a rien à voir avec ta façon d'être. Les gens balancent les jugements qu'ils ont d'eux-mêmes sur toi. »

Quand je travaille avec des enfants qui semblent retirés, tristes, émotionnellement éteints, je constate souvent qu'ils ont cru les critiques et jugements qui étaient projetés sur eux. Les enfants sont si conscients et si prêts à « s'approprier » les sentiments et jugements des autres, que même les jugements subtils et non dits ont un impact important sur eux.

Les enfants en savent tellement plus sur ce qui se passe autour d'eux que ce que nous sommes prêts à reconnaître. Quand ils ne sont pas reconnus pour ce qu'ils savent, ils doutent d'eux-mêmes, font des scènes ou pleurent beaucoup. Et quand ils sont reconnus, ils s'épanouissent.

Ne pas écouter ce que les enfants ont à dire

Je parlais avec la mère d'un garçon de douze ans diagnostiqué TDAH avec quelques traits autistiques. Elle disait qu'il pouvait exploser incontrôlablement sans ou avec très peu de provocation apparente. Il manquait de plus en plus de respect à son égard — refusait de l'aider dans la maison, la toisant du regard quand elle lui demandait d'effectuer des tâches, la traitant de tous les noms et parfois même en trouant les murs à coups de poing. Le père du garçon, dont elle avait divorcé six ans auparavant, l'intimidait de la même façon en menaçant de détruire leurs biens et en se mettant en rage. Après le divorce, elle avait décidé qu'elle ne se laisserait plus jamais traiter de la sorte. Le manque de respect de son fils lui rappelait les jours sombres de son mariage et elle me disait qu'elle n'était plus prête à revivre cela.

Elle me dit après un moment particulièrement perturbant, qu'elle avait emmené son fils vivre chez son père, qui avait donné son accord préalable de la soutenir de cette façon. Quand le fils est rentré à la maison, les choses se sont bien passées pendant une semaine ou deux. Il aidait dans la maison, et acceptait le « non ». Puis une après-midi, alors qu'elle était pressée, elle a commencé à perdre patience avec lui et dans cet état d'impatience, elle s'est coupée de lui.

Il dit « Maman, tu ne m'écoutes pas. »

Elle réalisa qu'elle n'écoutait pas et dit « Tu as raison. Je n'écoutais pas et je vais t'écouter maintenant. Qu'est-ce que tu essayais de me dire ? » Elle écouta ce qu'il avait à dire, après quoi, il la remercia.

Elle prit conscience qu'elle se fermait souvent à lui et refusait de l'écouter et de combien cela l'avait mis en colère. Cette expérience fut un tournant dans leur relation.

Outil : Qui est-ce que je suis quand je fais ça ?

C'est un outil qui est utile chaque fois que vous ou vos enfants vous énervez ou rentrez dans les émotions à propos de quelque chose. Demandez simplement : « Qui est-ce que je suis quand je fais ça ? » Puis demandez : « Et si j'étais moi, qui est-ce que je serais ? » Il n'est pas nécessaire d'avoir une réponse à « Qui est-ce que tu es quand tu fais ça ? » Posez simplement la question. Vous prendrez conscience que vous n'êtes pas en train d'être vous, et cela est suffisant pour vous faire basculer dans un autre espace.

C'est un formidable outil à utiliser avec vos enfants quand ils font des scènes ou rentrent dans le drame et mélodrame. Quand vous demandez à votre enfant en pleine crise : « Qui es-tu quand tu fais ça ? », il vous hurlera peut-être à la figure. Mais il prendra conscience qu'il n'est pas lui-même et avec cette prise de conscience, il sera plus difficile pour lui de poursuivre sa scène avec le même entrain.

À qui appartient cette colère ?

Lors d'une classe que Gary donnait, la tante d'un jeune homme de vingt et un ans diagnostiqué autiste décrivait ses difficultés face à son tempérament soupe au lait. Elle nous raconta qu'il sortait souvent de ses gonds et qu'il avait récemment perdu son emploi à cause de ses explosions de colère. Elle disait qu'il était incroyablement conscient et intuitif et le décrivit comme un guérisseur. « Il a une capacité incroyable à guérir », dit-elle, « Il est juste tellement triste. »

Gary lui demanda si cette tristesse lui appartenait à lui et elle répondit : « Non, cette tristesse ne lui appartient pas, elle appartient à ses parents. »

Gary lui demanda alors s'il essayait de guérir la tristesse de ses parents.

«Oui» répondit-elle, «il prend sur lui la tristesse de ses parents pour tenter de la guérir.»

Gary dit : «Tu pourrais lui demander si ses explosions sont sa colère ou si c'est la conscience qu'il a la colère des autres et de leur forte envie d'exploser à laquelle ils ne cèdent pas. Demande-lui s'il est capable d'exprimer ce que les autres ne peuvent pas exprimer.»

Dans mon cabinet, les parents amènent leurs enfants à cause du comportement de leur enfant. En termes cliniques, la personne qui est amenée en thérapie est le «patient identifié.» À l'instar de ce jeune homme, il arrive souvent que les enfants expriment ce que les autres membres de la famille ne sont pas prêts à exprimer. Comme Dain dit, ce sont ceux qui sont capables d'exprimer ce que les autres membres de la famille répriment.

Outil : détruire et décréer sa relation

Malheureusement, les emportements persistent longtemps après qu'ils soient «passés». Les enfants ont tendance à rester coincés dans les décisions et conclusions qu'ils tirent par rapport à leur emportement et cela peut vraiment faire dérailler une relation.

Il peut en être autrement si vous détruisez et décréez tous les jours votre relation avec votre enfant. Vous détruisez et décréez tout ce qui concerne qui, quoi, où, quand, pourquoi et comment vous pensez que *l'enfant* est, et tout ce qui concerne qui, quoi, où, quand, pourquoi et comment vous êtes avec l'enfant, ainsi que tout ce qui concerne qui, quoi, où, quand, pourquoi et comment *l'enfant* pense que *vous* êtes avec lui.

Disons que votre enfant et vous avez eu des moments difficiles, des disputes ou conflits durant la journée et vous aimeriez être dans un espace différent avec lui. Ou disons, que vous avez eu une journée merveilleuse et vous aimeriez avoir encore plus d'aisance et de joie. Le soir avant d'aller dormir dites : «Je détruis et décrée tout ce que ma relation a été avec mon enfant aujourd'hui et par le passé.»

Quand vous détruisez et décréez votre relation tous les soirs, vous pouvez la recréer fraîchement chaque jour, et vous êtes alors à la pointe créative d'une possibilité différente. Vous n'emporterez pas vos contrariétés, vos décisions et vos conclusions dans la nouvelle journée. Vous serez à même de générer quelque chose de frais et neuf avec vos enfants. Si vous faites cela tous les jours, vous aurez un type de relation différent avec eux. Ils pourront parler avec vous de choses dont ils n'ont jamais parlé auparavant et vous pourrez parler avec eux de choses que vous avez toujours voulu dire et n'avez jamais dites. Cet outil vous place dans un état constant de génération ou de création de la relation au lieu de fonctionner à partir de vieux points de vue. C'est l'un de mes outils favoris d'Access et je l'utilise tous les jours.

Outil : détruire et décréer toutes les projections et attentes que vous avez de votre relation

Une variante de l'outil « détruire et décréer sa relation » c'est détruire et décréer les projections et attentes que vous avez de votre relation avec vos enfants, les enfants dans votre classe, votre époux ou épouse, ou n'importe qui d'autre. Je fais cela tous les matins.

Quand vous détruisez et décréez votre relation avec quelqu'un — ainsi que les projections et attentes que vous avez par rapport à cette personne, vous détruisez et décréez les limitations du passé et la solidité du futur que vous créez. Vous êtes à même d'être dans le présent avec une grande aisance et vous créez un futur différent à partir de cet espace.

Trina et Aaron

Mon amie Trina, la thérapeute du travail qui oeuvre dans le système scolaire public, me raconta l'histoire d'Aaron, un garçon de quinze ans, autiste. Il est non verbal et communique par le biais d'un iPad. Il a besoin d'aide pour taper ; quelqu'un doit mettre sa main sur la sienne pour la stabiliser pour qu'il puisse taper, et cela peut constituer un processus assez lent. Son esprit marche à la vitesse de la lumière et cette façon de faire peut être terriblement frustrante pour lui.

Trina voit Aaron tous les jours. Elle m'a raconté que deux ou trois fois par jour, il se jetait par terre, piquant une crise. Et il lui arrivait souvent de tirer les cheveux du professeur ou de l'éducateur.

Un jour qu'il était calme, elle lui demanda «Qu'est-ce que tu sais des fois où tu piques des crises?» Il tapa «maths et sciences sociales». Trina précisa que ces deux classes avaient lieu dans le même local avec le même professeur.

Elle lui demanda ce qu'il savait encore. Il répondit : «Mon prof pense que je suis bête.» Elle demanda si le professeur le lui avait dit verbalement, «Non, mais c'est ce qu'elle pense. Je l'entends dans ma tête.»

Trina lui demanda s'il pensait qu'il était bête et il répondit «Non, mais ma prof oui.»

Puis elle demanda : «Sais-tu à quel point tu es brillant dans la façon dont tu perçois et vois les choses? C'est tellement différent de la façon dont les autres perçoivent et voient les choses.»

Il répondit : «Oui, mais elle ne comprend pas.»

Elle demanda s'il pouvait détruire et décréer sa relation avec ce professeur. Elle dit : «Les gens peuvent projeter leurs jugements sur nous, et peut-être que ce sont justement les jugements qu'elle a d'elle-même de ne pas savoir comment communiquer avec toi. Si tu détruis et décrée ta relation avec elle tous les jours, tu détruiras et décréeras tous les jugements qu'elle a projetés sur toi chaque jour. Peux-tu faire ça?»

Il répondit : «Oui.»

Elle lui demanda : «Est-ce que tu comprends?». Ce à quoi il répondit : «OUI, TRINA!»

C'était la toute première fois qu'il écrivait son nom. Elle raconta qu'elle avait été impressionnée par la quantité d'informations qu'il lui avait livrée étant donné qu'ils communiquaient sur l'iPad et que cela exigeait beaucoup de temps, d'efforts et de persistance — et de vulnérabilité aussi. Immédiatement après cet épisode, au lieu de tirer les cheveux et de se rouler par terre deux à trois fois par jour, Aaron ne le fit plus qu'une ou deux fois par semaine.

16

Laisser être

Votre point de vue crée votre réalité. Votre réalité ne crée pas votre point de vue.

~ Dr Dain Heer

Gary :

Quand vous êtes à un endroit où vous pouvez laisser être les autres comme ils sont, c'est quelque chose de rare et précieux pour eux. Ils veulent que vous restiez avec eux ; ils ne veulent pas que vous partiez. Ils aiment vous avoir dans leur entourage parce que vous ne les jugez pas – et quand vous regardez quelqu'un sans jugement, vous êtes la chose la plus séduisante de la Terre. Toutes sortes de choses sont alors possibles. Votre capacité à laisser être est un cadeau inestimable.

Anne :

Laisser être, c'est sortir de l'espace où l'on pense qu'il y a des bonnes façons et des mauvaises façons de faire les choses. Vous percevez simplement les choses comme elles sont. Quand vous entrez dans l'espace du laisser-être, tout devient plus clair et vous avez la liberté de faire d'autres choix.

Gary :

Vous pouvez vous aligner et vous accorder avec un point de vue, ou bien vous pouvez résister ou réagir à un point de vue. C'est la polarité de cette réalité. Ou bien vous pouvez être dans le laisser-être. Si vous êtes dans le laisser-être, vous êtes le rocher au milieu des flots. Les pensées, croyances, attitudes et considérations viennent à vous et elles tournent autour de vous parce que pour vous, elles ne sont qu'un point de vue intéressant. Si par ailleurs, vous vous alignez ou accordez, résistez ou réagissez à ce point de vue, vous êtes pris dans le flot d'insanité et vous êtes parti pour un tour. Ce n'est pas le genre de flots dans lesquels vous devriez être. Soyez plutôt dans le laisser-être. Le laisser-être total c'est : Tout est juste un point de vue intéressant.

S'aligner et s'accorder

Anne :

Quand j'ai entendu Gary parler du laisser-être pour la première fois, cela a tout changé pour moi. J'ai vu que j'avais passé le plus clair de ma vie à essayer de rentrer dans le moule. J'avais essayé de m'aligner et de m'accorder avec ce que tout le monde pensait, en vain. J'étais continuellement balancée dans le flot des points de vue des autres.

Quand j'étais en 3e année[*], un homme qui vivait dans notre ville était candidat au Sénat américain. Notre professeur avait dit à la classe que parce que ce gars était de notre ville, nos parents devraient voter pour lui. Je me suis immédiatement alignée sur son point de vue. «Oh oui, c'est vrai. Nos parents *devraient* voter pour lui.»

Quand j'ai répété ce point de vue à ma mère, elle me dit : «Ce n'est pas parce qu'il habite juste à côté, que nous allons voter pour lui. Je ne voterai *jamais* pour cet homme.»

Alors je me suis alignée sur ce point de vue-*là*, «C'est juste! On ne doit pas voter pour lui, juste parce qu'il habite près de chez nous!» et quand j'ai répété cela à mon professeur (avec tout le sarcasme et le dédain que ma mère avait exprimé), elle m'a fait rester dans la classe pendant la récréation et m'a fait copier des pages du dictionnaire parce que j'avais manqué de respect.

---

[*] *Dans le système américain, cela correspond à la tranche d'âge de 8-9 ans.*

C'est vraiment facile pour les parents d'enfants X-Men de tomber dans le piège de s'aligner et s'accorder avec les « experts » à propos des « incapacités » de leurs enfants et de la « bonne » façon d'être parents avec eux et/ou de les éduquer. Cela fait un monde de différence quand vous sortez de l'alignement et de l'accord : « Oh, oui, cela doit être juste. » et à la place, d'aller dans le laisser-être « Mmm, c'est un point de vue intéressant. Qu'est-ce qui est vrai pour moi et mon enfant ? »

La résistance et la réaction

Quand Gary a parlé la première fois du laisser-être, j'ai vu comment les gens passent leur vie à résister et réagir à ce que tout le monde pense, dit et fait. J'ai reconnu que j'avais fait ma part de cela également. Quand j'étais enfant, chaque fois que quelqu'un me disait que je ne pouvais pas faire ou avoir quelque chose, je faisais tout ce qui était en mon pouvoir pour le faire ou l'avoir. Un jour, alors que j'avais sept ans, ma mère m'a montré dans un journal une page pleine de publicités pour des chaussures pour enfants. Elle m'a dit que je pouvais avoir toutes les chaussures qui me plaisaient, sauf une paire en particulier. J'ai fait une scène, j'ai pleuré et je n'en finissais pas de dire que c'était la seule paire que j'étais disposée à porter. Au bout d'un temps, elle a « cédé » et m'a acheté cette paire de chaussures. J'ai appris des années plus tard que les chaussures « interdites » étaient celles qu'elle voulait que je porte. Elle m'avait manipulée, sachant que je résisterais et réagirais ! Aujourd'hui encore, je suis encore parfois comme ça. Si quelqu'un me dit « non », ma première réponse est « Ah non ? Eh bien tu vas voir ! »

Toutefois, grâce à Gary, j'ai vu qu'il y avait un autre choix. C'est-à-dire de laisser être — percevoir tout comme un point de vue intéressant — et cela a fait une énorme différence pour moi dans mes relations et mon travail.

Laisser être en tant que parent

Et si vous n'exigiez pas de vos enfants qu'ils s'alignent et s'accordent avec vos points de vue ? Et si vous pouviez leur donner la permission d'avoir leurs propres points de vue et de changer de point de vue comme ils veulent ? Et si vous pouviez donner à vos enfants la permission d'être qui ils sont ?

Laisser être vos enfants est essentiel ; c'est impératif quand on a affaire à des enfants X-Men. Les enfants qui sont dans le spectre autistique, par exemple, peuvent avoir des comportements étranges. Plutôt que d'avoir un point de vue fort sur le fait qu'ils aient tort ou raison, si vous pouviez poser des questions et puiser dans ce qu'ils disent, des situations qui peuvent paraître inextricables ou difficiles pourraient basculer.

Être dans un espace de laisser-être ne veut pas dire que vous deveniez un paillasson et que vous vous laissiez marcher sur les pieds par vos enfants. Cela ne veut pas dire que vous disiez *oui* à tout ce qu'ils exigent de vous. Et cela ne veut pas dire que vous vous excluiez de l'équation.

Être dans le laisser-être ne veut absolument pas dire que vous ne dites jamais *non*. Parfois, c'est exactement ce qui est requis. Et si votre enfant explose, est-ce que vous pourriez laisser l'explosion se produire sans vous en sentir responsable ? Cela peut exiger de la pratique de ne pas se sentir humilié à l'épicerie quand votre enfant pique une crise et se roule par terre. Toutefois, quand vous êtes dans l'espace du laisser-être pour votre enfant et ce qu'il choisit dans l'instant — quand vous voyez son choix comme un point de vue intéressant — il n'y a personne contre qui réagir, et généralement, ces explosions ne durent plus aussi longtemps.

« OK » est une réponse énergétique tout à fait appropriée à une crise (pas « Oohhh-kééé ! »), juste « OK » avec l'énergie de « si c'est que tu choisis, alors OK »

Dain :

Si vous n'avez pas de jugement dans votre point de vue, il n'y aura pas de limite dans la façon dont votre réalité peut se présenter, parce que le jugement est un grand limiteur.

Gary :

Chaque fois que vous adoptez un point de vue fixe sur quelque chose, vous créez une ancre qui vous coince là où vous êtes.

Anne :

Quand vous n'avez pas de point de vue fixe sur les choix que vos enfants font, cela vous donne la liberté de poser des questions et d'aller au-delà de toute notion préconçue que vous ou les autres pourraient avoir sur ce qu'ils choisissent.

Dain :

Le point de vue que vous adoptez est toujours votre choix. Le changer pour autre chose parce que ça fonctionne mieux pour vous est aussi un choix. Vous n'êtes jamais obligé de rester coincé par le point de vue que vous avez actuellement, sur quoi que ce soit.

Anne :

Ni vos enfants. Quand vous allez dans le laisser-être, vous permettez énergétiquement à vos enfants de changer leurs points de vue.

J'ai récemment facilité une classe où participaient une maman avec son fils de vingt et un mois. À un moment donné, il a soulevé une très grosse bouteille d'eau bien lourde qu'ils avaient emportée avec eux. Et, titubant sous son poids, il la souleva au-dessus de sa tête pour boire. Il ne restait plus beaucoup d'eau dedans, et au lieu d'aller dans sa bouche, presque toute l'eau a coulé sur sa chemise et par terre.

Il a reposé la bouteille et a dit : « Maman… Moh ! »

Sa mère l'a regardé et lui a dit : « Regarde, tu as renversé partout sur ta chemise et par terre. Non, tu ne peux pas avoir plus d'eau dans la bouteille. »

À ce moment-là, il fit ce qu'il faut chaque fois que sa mère dit non ou tente de le contrôler. Il l'a regardée droit dans les yeux et s'est mis à hurler.

J'ai demandé à sa mère « À qui est cette chemise en fait ? »

Elle a souri, s'est détendue, a laissé tomber son point de vue et lui a dit « OK, tu peux avoir plus d'eau dans la bouteille. »

Comme la mère était occupée par un projet avec un autre participant à la classe, je lui ai proposé d'aller chercher de l'eau pour lui. L'eau était très froide. J'ai mis environ trois doigts d'eau dans la bouteille et je la lui ai rendue. Il y avait des blocs de glace dedans et il les voyait. Il a couru vers sa mère, a posé la bouteille par terre, frotté sa chemise en disant : «Noooon, Maman… Nooon, Maman!» Il savait qu'il ne voulait pas de cette eau froide sur le torse.

Il n'a plus essayé de boire l'eau de la bouteille ni le restant du week-end. Au lieu de cela, il m'a demandé d'aller avec lui à la table où se trouvait l'eau et de lui en verser un peu dans un gobelet en plastique.

Tant que sa mère avait le point de vue qu'il ne devait pas boire l'eau à la bouteille, son seul choix était de la repousser et de hurler. Dès l'instant où elle a lâché son point de vue là-dessus, il a pu puiser dans ce qu'il allait créer en buvant l'eau glacée de l'énorme bouteille — de l'eau glacée qui dégoulinerait sur sa chemise — et il a choisi autre chose.

17

Le choix

Les enfants devraient toujours avoir le choix.
Il vous faut reconnaître qu'ils choisissent ce qu'ils choisissent pour obtenir
un résultat qu'ils pensent qui va changer quelque chose.

~ Gary Douglas

Anne :

Une croyance circule largement selon laquelle les enfants qui ont ces handicaps supposés ne sont pas capables de faire les «bons» choix. Et les adultes ne sont pas souvent disposés à leur laisser faire leurs choix pour les choses quotidiennes. Il pourrait sembler à de nombreux enfants et adultes qui interagissent avec eux que les enfants n'ont pas de choix du tout. Et s'ils en avaient en réalité ?

En fait, les enfants font continuellement des choix. Ils choisissent d'être ronchons (ou pas), de faire les sots (ou pas), de se taper la tête par terre (ou pas), d'entrer dans un espace différent (ou pas), de répondre à nos demandes (ou non).

Quand nous sommes dans un espace de laisser-être par rapport à leurs choix, ils peuvent puiser dans l'énergie de ce qu'ils créent et ils peuvent continuer à choisir ce qu'ils ont choisi, ou faire un choix différent.

Une amie qui travaille avec des enfants X-Men dans le système scolaire public souligne que le choix existe, même en pleine crise ou explosion. Elle m'a raconté l'histoire de l'un de ses élèves de collège qui avait de l'autisme. Il était non verbal mais communiquait énergétiquement tout le temps — sauf que personne ne l'écoutait jamais. Ce jeune homme avait de fréquentes crises.

Elle disait que souvent, quand elle arrivait en classe pour travailler avec lui, il avait déjà détalé de la classe ou avait eu une explosion physiquement agressive. Un jour, juste avant d'arriver, il avait tenté de s'échapper et avait presque passé la main à travers une fenêtre. Quand elle est entrée dans la classe, il était immobilisé sur un tapis par deux éducateurs pour assurer sa sécurité.

Elle regarda l'élève et dit « Hé, tu crées d'être plus contrôlé. Est-ce vraiment ce que tu veux créer ? »

Il l'a regardée droit dans les yeux — alors qu'il ne regardait jamais les gens dans les yeux. Et il dit : « Hmmah », a cessé de résister et s'est instantanément calmé. En quelques secondes, il s'était remis au travail.

Il avait fait un choix.

Comment choisissez-vous ?

Quand nous parlons du choix, nous ne parlons pas de ce processus cognitif où l'on réfléchit longuement à quelque chose, où l'on pèse prudemment le pour et le contre et où l'on choisit ensuite. Nous ne parlons pas de la bonne ou de la mauvaise réponse, du bon ou du mauvais choix. Le « choix » dont nous parlons est lié à l'énergie, pas à la cognition.

Alors, comment choisissez-vous ? Vous choisissez, tout simplement !

En tant qu'adulte, vous choisissez de vous lever quand le réveil sonne (ou pas). Vous choisissez de faire un geste obscène au conducteur qui vous a coupé la route (ou pas). Vous choisissez d'accepter la demande de votre patron de rester travailler tard pour terminer un projet (ou pas). Vous choisissez comment répondre à chaque situation de votre vie. Vous choisissez, tout simplement. Il en va de même pour vos enfants.

Comme le dit Gary : « Tout n'est qu'une question de choix. »

Et votre choix n'est pas éternel. Si vous n'aimez pas le choix que vous avez fait, vous pouvez choisir autre chose. Et si vous pouviez laisser vos enfants — et vous-même — choisir, et choisir encore ?

Le choix crée les prises de conscience

Quand vous choisissez, vous prenez conscience de ce que votre choix crée maintenant et de ce qu'il créera dans le futur, juste comme ce petit garçon dans le chapitre précédent, qui a puisé dans ce que cela créerait d'essayer de boire l'eau glacée à l'énorme bouteille. Il a pris conscience de ce que chaque choix créerait pour lui et il a choisi ce qui allait fonctionner le mieux pour lui.

Nous facilitons ces prises de conscience avec les enfants quand nous sommes dans le laisser-être par rapport à leurs choix. Et nous les invitons à une possibilité différente en leur posant des questions.

Un garçon de dix ans que je vais appeler David m'a été amené parce qu'il avait fréquemment des crises explosives. Sa mère m'avait dit qu'il explosait facilement, se mettait en mode défensif, balançait des injures, grognait et se tapait la tête avec les poings de frustration. C'était un gamin brillant, et il perdait patience quand les gens soit ne pouvaient garder le même rythme que lui ou ne le reconnaissaient pas.

Et comme David avait été si souvent puni, réprimandé, blâmé pour ses explosions, à ses propres yeux, il se disait qu'il devait y avoir quelque chose qui clochait chez lui. Et comme sa vie ne semblait pas vraiment changer beaucoup, il semblait s'être résigné à avoir tort, à ne pas avoir d'amis et à être constamment dans le pétrin. Il avait perdu espoir que les choses puissent un jour s'arranger et il ne voyait pas d'issue. Sa mère était aussi désespérée et projetait un futur où, l'avertissait-elle, sa vie serait difficile et malheureuse s'il ne se ressaisissait pas immédiatement. Aucun des deux ne croyaient que David avait des choix.

Quand j'ai parlé avec David, il s'est décrit comme la victime d'enfants méchants et désagréables, de parents qui ne le comprenaient pas, et de professeurs qui ne cherchaient qu'à le prendre sur le fait. Je lui ai posé de nombreuses questions sur sa vie à la maison et à l'école et nous avons abordé l'idée qu'il avait en fait le choix. Bien qu'il résistât d'abord, il finit par reconnaître qu'il avait peut-être vraiment le choix.

Avec le temps, David a commencé à faire des choix différents. Il était de moins en moins souvent le jouet des autres enfants, de ses professeurs et de ses parents. Il réagissait moins à ce que les autres faisaient ou disaient et il était moins prompt à exploser. Et quand il explosait, cela ne durait pas aussi longtemps et ce n'était pas aussi intense qu'auparavant. Par exemple, si le garçon des voisins, l'un de ses rares camarades de jeux, ne pouvait pas jouer, au lieu de s'en irriter, David était capable d'accepter le fait sans vagues et d'aller de l'avant.

Qu'ai-je fait pour faciliter ce changement ? Je lui ai posé des questions. Je n'ai pas exigé de « réponses » ; j'ai reconnu ce qu'il me disait et je n'avais pas de point de vue sur les choix qu'il faisait.

David avait dans sa classe un ennemi juré. Ce garçon le provoquait sans cesse et David rentrait pratiquement à tous les coups dans son jeu. Un jour, le garçon a convaincu l'un de leurs amis communs de ne pas inviter David à sa fête d'anniversaire. David ourdissait sa revanche dans mon cabinet.

À la différence de pratiquement tout le monde dans sa vie, je n'avais pas de point de vue sur ce qu'il allait choisir de faire. Dans d'autres situations où il ourdissait ses revanches, les gens intervenaient pour tenter de l'en dissuader, ce qui ne faisait qu'amplifier son désir de revanche. Au lieu de cela, j'ai simplement reconnu tout ce qu'il disait et puis j'ai dit : « Je peux te poser une question ? »

« Oui. »

« Si tu exécutes ton plan, comment sera ta vie dans un jour ? Dans une semaine ? Dans un mois ? Et si tu n'exécutes pas ton plan et que tu fais quelque chose de différent à la place, comment sera ta vie dans un jour ? Une semaine ? Un mois ? »

Déclarant tout d'abord que sa vie s'en trouverait bien mieux s'il pouvait prendre sa revanche, il a puisé dans l'énergie de ce que cela créerait pour chaque choix qu'il envisageait, et finalement, il a choisi une réponse plus mesurée.

David me raconta plus tard que le garçon s'était irrité du fait que David n'explosait pas comme d'habitude et, en conséquence, n'a pas semé le trouble.

« Alors, qui a eu le dernier mot finalement ? » lui ai-je demandé. Il a souri.

Être dans le laisser-être par rapport aux choix des enfants est essentiel, mais malheureusement, beaucoup de parents et d'enseignants adoptent une pensée binaire en termes de bien et de mal ou ont des points de vue forts sur les enfants. Quand cela arrive, les enfants passent souvent à côté d'une occasion de faire des choix et de prendre conscience de ce que leurs choix ont créé.

Un été, j'ai brièvement travaillé avec une maman et ses fils de cinq ans et deux ans et demi. Elle était préoccupée par l'aîné. Elle me raconta qu'il jouait brutalement avec son petit frère, alors elle avait amené les deux garçons au rendez-vous pour que je puisse en être témoin. Alors qu'elle me décrivait son aîné, c'était comme si elle cherchait à ce que je valide toutes les décisions et conclusions qu'elle avait tirées à son sujet. C'était très important pour elle d'avoir des réponses et de contrôler les choses. Elle était tout sauf dans le laisser-être de ses deux garçons.

J'observais les frères jouer facilement et gentiment ensemble. De temps à autre, le grand donnait des jouets à son petit frère. À un moment donné, quand son petit frère essayait de lui prendre un camion, l'aîné le lui laissait. Il était tellement différent de ce que me décrivait sa mère !

Elle ne dit rien durant cette scène. C'était comme si elle n'était pas capable de voir au-delà de ses décisions et conclusions.

Il y avait un marchepied dans la pièce, que le petit de deux ans et demi fit traîner jusqu'à la fenêtre. La mère s'est levée, s'alarmant de ce qu'il puisse tomber. J'ai souri à la mère et je lui ai calmement demandé de rester où elle était. Je n'avais pas de point de vue sur le fait que le petit grimpe sur le marchepied parce que j'étais proche de lui et je savais que je pourrais le rattraper s'il tombait. Il s'est retourné et m'a regardée. Je lui ai souri et je suis restée silencieuse, lui donnant énergétiquement la permission d'explorer. Très précautionneusement, il a grimpé sur le marchepied et s'est mis debout. Il s'est à nouveau retourné vers moi avec un large sourire et je l'ai applaudi. Il a ensuite fait marche arrière et est lentement redescendu sur le tapis.

De mon point de vue, il montrait que le choix crée les prises de conscience. Il a choisi de grimper sur le marchepied, et en choisissant, il savait qu'il pourrait s'y mettre debout sans tomber. Quand il a reçu l'espace pour choisir pour lui-même, il l'a fait, pleinement conscient de ce que cela créerait.

La mère aurait pu aussi l'applaudir, mais au lieu de cela, elle était furieuse. Elle dit : « Il aurait pu tomber ! Il est maladroit et il tombe beaucoup. Je n'arrive pas à croire que vous le laissiez faire quelque chose d'aussi dangereux. »

Elle n'est plus venue me voir avec ses fils. C'était son choix.

18

La formule de déblayage

Vous êtes les seuls à pouvoir déverrouiller les points de vue que vous avez verrouillés. Ce que nous offrons ici avec la formule de déblayage, c'est un outil que vous pouvez utiliser pour changer l'énergie des points de vue que vous avez verrouillés dans des situations qui ne changent pas.

~ Gary Douglas

Gary :

Tout au long de ce livre, et en particulier dans la partie qui suit sur votre rôle de parent, nous posons beaucoup de questions, et certaines de ces questions vont peut-être un peu vous faire tourner la tête. C'est notre intention. Les questions que nous posons ont pour but d'éliminer votre mental de l'équation pour que vous puissiez accéder à l'énergie d'une situation.

Une fois que la question aura court-circuité votre mental et fait émerger l'énergie d'une situation, nous vous demanderons si vous voulez bien détruire et décréer cette énergie — parce que les énergies coincées sont la source des barrières et limitations. Détruire et décréer cette énergie ouvrira la porte à de nouvelles possibilités pour vous.

C'est votre occasion de dire «Oui, je suis prêt(e) à laisser partir tout ce qui maintient cette limitation en place.»

Ce qui sera suivi par une phrase bizarre que nous appelons la formule de déblayage :

Tout ceci, fois un dieulliard, vas-tu le détruire et décréer totalement ? Right and Wrong, Good and Bad, POD and POC, All 9, Shorts, Boys, and Beyonds.

Il n'est pas nécessaire de comprendre les mots de la formule de déblayage pour qu'elle fonctionne parce que, comme nous l'avons dit, il s'agit de l'énergie. Il n'est même pas nécessaire d'utiliser les mots de la formule de déblayage pour libérer l'énergie de vos limitations. Une fois la question posée, vous pouvez simplement dire, « Et tout ce que j'ai lu dans le livre sur les X-Men » et cela dissipera l'énergie de vos limitations, si c'est votre intention. Toutefois, si vous avez envie d'en savoir plus sur la signification des mots de la formule de déblayage, vous en trouverez la définition à la fin de ce livre.

Dans les grandes lignes, la formule de déblayage nous fait retourner à l'énergie des limitations et barrières qui ont été créées. Nous regardons les énergies qui nous empêchent d'aller de l'avant et de nous expanser dans tous les espaces où nous aimerions aller. La formule de déblayage est simplement un raccourci qui parle aux énergies qui créent les limitations et contractions dans notre vie.

Anne :

La première fois que j'ai entendu la formule de déblayage, j'ai été frappée par le fait que ça ne voulait *rien dire*! Et pourtant, même si cela avait l'air ridicule, ça fonctionnait. Et elle a fonctionné instantanément. Comme dit Gary, il n'est pas nécessaire de comprendre les mots avec votre esprit logique. Les mots sont conçus pour court-circuiter votre esprit logique. Je me rappelle la première fois que j'ai entendu Gary dire « Puisque le premier langage est l'énergie, même si nous disions la formule de déblayage dans une langue que vous ne parlez pas, cela fonctionnerait aussi.» C'est cela qui est magique.

Qu'est-ce que déblayage veut dire? C'est se débarrasser d'un tas de choses. C'est lâcher prise. La plupart des limitations et endroits où nous sommes coincés ont été créés par notre insanité, à savoir, faire la même chose encore et encore en s'attendant à un résultat différent.

La formule de déblayage peut être utilisée de différentes façons, mais en général, cela commence par une question et parfois, c'est une question qui vous embrouille la tête comme « Quelle est la valeur de s'accrocher à tout ce dont je veux me débarrasser ? » Et lorsque vous posez la question, l'énergie de l'insanité de s'accrocher à tout ce dont vous voulez vous débarrasser émerge.

Vous reconnaissez et recevez l'énergie qui émerge, et vous exprimez votre volonté de la détruire et décréer. Ce faisant, vous détruisez et décréez toutes les façons et endroits où vous avez acheté les limitations comme réelles et vraies.

La dernière étape consiste à répéter la formule de déblayage.

> *Right and Wrong, Good and Bad, POD and POC, All 9, Shorts, Boys, and Beyonds.*

Alors, la voici :

> *Quelle est la valeur de m'accrocher à tout ce dont je veux me débarrasser ? Tout cela, fois un dieulliard, je le détruis et décrée totalement. Right and Wrong, Good and Bad, POD and POC, All 9, Shorts, Boys, and Beyonds.*

Gary :

Plus vous répétez la formule de déblayage, plus elle agit en profondeur et plus elle est à même de déverrouiller de couches et niveaux pour vous. Si beaucoup d'énergie émerge en vous en réponse à une question, il est recommandé de répéter le processus de nombreuses fois jusqu'à ce que le sujet concerné ne soit plus un problème pour vous.

Vous pouvez choisir de faire cela, ou pas. Nous n'avons pas de point de vue là-dessus, mais nous aimerions vous inviter à l'essayer et à voir ce qui se passe.

19

Quel est votre rôle de parent ?

Quel est votre rôle de parent ?
Et si vous, en tant que parent, étiez juste parfait comme vous êtes ?

~ Dr Dain Heer

Gary :

Les parents mésidentifient et mésappliquent souvent leur rôle de parent pour inclure des choses comme devoir tout savoir, devoir fournir aux enfants une liste de règles et réglementations et devoir contrôler leur comportement. Beaucoup de parents croient que les autres vont les juger sur la base de ce que font leurs enfants.

Anne :

Et si beaucoup de gens vous jugeaient *effectivement* sur la base de ce que font vos enfants ? Et si beaucoup de gens étaient incroyablement jugeants peu importe ce que vous dites ou faites ? Et si vous n'aviez pas à court-circuiter votre savoir à la faveur de l'opinion ou du jugement de quelqu'un d'autre ?

Gary :

Essayez-vous de vivre le rêve américain (ou australien ou italien, ou ce que c'est pour vous), où vous êtes une personne vraiment cool qui épouse la femme ou le mari parfait, vit dans la maison parfaite avec la clôture de jardin en bois blanc, et qui élève les enfants parfaits que tout le monde aime et on vous admire d'avoir des enfants pareils ?

> *Pourriez-vous renoncer à être une personne cool et commencer à être une personne consciente à la place ? Tout ce que vous avez fait pour faire de vous une personne cool, plutôt qu'une personne consciente, allez-vous le détruire et le décréer Right and Wrong, Good and Bad, POD and POC, All 9, Shorts, Boys, and Beyonds.*

Combien de jugement devez-vous poser pour déterminer si vous avez une vie parfaite ? Beaucoup ou un petit peu ? Des mégatonnes !

> *Tout ce que vous avez fait pour juger si vous étiez ou non en train de créer la vie parfaite que vous avez décidé que vous étiez supposé créer, que ce soit sur la base de vous et votre vie de couple, vos enfants, l'argent que vous avez ou l'argent que vous n'avez pas, ou autre chose, ou tout ce que vous faites pour vous juger parce que vous ne créez pas la vie parfaite, allez-vous détruire et décréer tout cela s'il vous plaît ? Right and Wrong, Good and Bad, POD and POC, All 9, Shorts, Boys, and Beyonds.*

Dain :

Avez-vous déjà remarqué que quand vous faites dans le jugement, vous n'êtes jamais du côté gagnant ? Avez-vous déjà observé que vous ne vous jugiez jamais d'être bien plus que grand que ce que vous êtes ?

Gary :

Ou meilleur que ce que vous êtes ? Ou plus merveilleux que ce que vous êtes ?

Dain :

Vous vous jugez toujours comme « moins que ». Vous vous jugez comme plus mal foutu que ce que vous êtes, vous vous jugez comme ayant plus de problèmes et toute sortes de choses du genre.

Gary :

Vous reprochez-vous ce que vous avez décidé qui était le handicap de votre enfant — ou qui a été étiqueté comme un handicap ?

Partout où vous avez été au reproche, à la honte, au regret ou à la culpabilité par rapport au fait que vos enfants ont cette capacité, plutôt qu'un handicap, allez-vous maintenant détruire et décréer cela totalement ? Right and Wrong, Good and Bad, POD and POC, All 9, Shorts, Boys, and Beyonds.

Allez-vous renoncer à la réalité que c'est un problème ? Merci. Right and Wrong, Good and Bad, POD and POC, All 9, Shorts, Boys, and Beyonds.

Et seriez-vous disposé à voir que vos enfants ne sont pas des problèmes, mais des possibilités — en particulier si vous avez des enfants qui ont le TDA, TDAH, l'autisme ou des TOC ? Tout cela, fois un dieulliard, allez-vous le détruire et le décréer totalement ? Right and Wrong, Good and Bad, POD and POC, All 9, Shorts, Boys, and Beyonds.

Comment avez-vous été traité, enfant ?

Gary :

La plupart d'entre nous n'avons pas eu des exemples de parents qui étaient nourriciers et attentionnés et, au bout du compte, nous avons tendance à traiter nos enfants, nous-mêmes et toutes les autres personnes de notre vie de la façon dont nous *avons été* traités et pas comme nous *aurions dû être* traités. Dain a donné un formidable exemple de ceci quand il s'était acheté une énorme nouvelle TV avec des enceintes à vous couper le souffle.

Dain :

La fille de Gary, Grace, dit : « Dain, est-ce que mon amie et moi, on peut regarder un DVD sur ta télé ? »

J'ai eu une réaction bizarre. J'ai pensé « Qu'est-ce que tu veux dire ? C'est *ma* télé. »

Pourquoi est-ce que je ne la laisserais pas l'utiliser ? Pourquoi pas ? J'aurais pu dire « Oui, vas-y, bon film ! » Est-ce que j'ai dit ça ? Non. Je suis devenu bizarre et méfiant. J'ai dit : « D'accord, mais juste pour cette fois. »

Gary :

Juste après que Dain a dit ça, il s'est tourné vers moi et a dit « Mince, je ne suis pas bien avec ce que je viens de dire. Qu'est-ce que je dois envisager différemment ? »

Je lui ai demandé « Étais-tu un mauvais garçon ? » Il me répondit : « Non »

J'ai demandé « Prenais-tu soin des affaires de tes parents ? » Il me dit : « Oui, toujours. »

J'ai demandé, « As-tu cassé des choses et fait des fêtes de malade ? »

Dain dit « Non, jamais. Je prenais soin de tout tout le temps. » (C'est parce qu'il était le seul adulte de sa famille, mais ça, c'est une autre histoire.)

Je lui ai dit : « Et si tu traitais Grace comme tu aurais dû être traité plutôt que comme on t'a traité ? »

Dain :

J'ai dit « Wouah ! » Il fallait que je regarde cela. Mon père s'est remarié quand j'avais six ans et ma belle-mère s'est méfiée de moi dès l'instant où elle m'a rencontré, même si j'étais ce genre de gamin qui prenait soin de tout pour tout le monde. Après le remariage de mon père, j'ai vécu le conte de fée que j'avais toujours rêvé de vivre, avec une belle-mère acariâtre.

Gary :

Dain avait l'habitude de se lever le matin pour préparer le café de sa mère et le lui servir au lit.

Dain :

Et parfois le petit déjeuner aussi. Ma mère me faisait confiance, mais ma belle-mère était si méfiante qu'elle ne voulait pas que je reste seul à la maison. Je ne suis pas sûr de ce qu'elle pensait, mais elle ne me faisait pas confiance pour les choses de la maison, ni les voitures. J'étais un bon gamin, mais ce n'est pas ainsi que j'ai été traité. Quand Gary a entamé ce sujet, j'ai remarqué que je traitais les gens comme j'avais été traité, c'est-à-dire avec méfiance.

Gary :

J'ai demandé à Dain s'il se traitait ainsi lui-même. Il m'a dit *oui* et c'était bien le cas. Nous faisons presque tous cela. Nous nous traitons comme nous avons été traités. Nous nous imaginons que ça doit être bien puisque c'est ce que nos parents faisaient. Comment vous traitez-vous vous-même ? Vous traitez-vous comme vous auriez dû être traité ou comme on vous a traité ?

Dain :

Et traitez-vous vos enfants comme vous auriez dû être traité, sur la base de votre conscience et combien vous étiez cool, ou bien les traitez-vous comme vous avez été traité, simplement parce que c'est ainsi que l'on vous a traité ?

> *Tout cela, allez-vous le détruire et le décréer totalement ? Right and Wrong, Good and Bad, POD and POC, All 9, Shorts, Boys, and Beyonds.*

« Je ne serai jamais comme ma mère »

Gary :

Nous avons tendance à penser que l'autre versant de traiter nos enfants comme nous avons été traités est de déclarer : « Je ne serai jamais comme mes parents et je ne ferai jamais ce qu'ils ont fait ! » J'ai fait cela. Quand j'étais très jeune, j'ai décidé que je ne traiterais jamais mes enfants comme ma mère m'a traité.

Un jour, alors que mon fils aîné était adolescent, j'ai été réveillé à trois heures du matin par le son de voix parlant et riant fort dans le salon. C'était mon fils avec ses amis. Je savais qu'il devait aller travailler à six heures du matin, alors, qu'est-ce que j'ai fait ? Je me suis levé, j'ai fait irruption dans le salon et j'ai dit très justement : « Jeune-homme, tu n'agis pas de manière responsable… »

Ces mots étaient à peine sortis de ma bouche que j'ai réalisé que j'avais été exactement comme ma mère en disant cela. J'ai réalisé aussi que mon fils n'allait pas faire plus attention à moi que moi à ma mère. Je me suis arrêté au milieu de ma phrase et j'ai dit : « ... et ma mère me disait ça et je n'en n'avais rien à faire non plus. Bonne nuit. » et je suis retourné me coucher.

Décider que vous ne serez pas comme vos parents ne fonctionne pas. Si vous décidez que vous ne voulez pas être comme eux, vous allez juste les dupliquer, comme je l'ai fait. Ce qui fonctionne, par contre, c'est d'être conscient.

Et si le plus grand cadeau que vous puissiez faire à vos enfants était le cadeau de la conscience ?

Être prudent ou être conscient

Beaucoup de parents se focalisent sur le fait de vouloir que leurs enfants soient en sécurité. Ils considèrent cela comme leur boulot et, je vous l'accorde, c'est une part importante de leur rôle. La question est « Quel est le meilleur moyen de s'assurer qu'ils sont en sécurité ? » Est-ce de les surveiller fiévreusement et de les avertir d'être prudents ? Ou est-ce de leur apprendre qu'ils peuvent prendre soin d'eux-mêmes en étant conscients ?

Quand mon fils cadet avait dix-huit mois, nous étions dans un parc et il a décidé d'aller sur un toboggan très haut avec les grands. Alors qu'il commençait à grimper l'échelle, je me tenais à environ cinq mètres et je lui projetais en pensée « Fais attention, Sky, fais attention. » Il est arrivé environ aux trois quarts de l'échelle et s'est retourné vers moi en disant « Papa, je *fais* très attention. »

Il captait mes pensées et j'ai réalisé qu'il fallait être conscient de ce qu'on projette comme pensée sur les enfants, parce qu'ils les captent. Ne leur dites pas de faire attention. Dites-leur d'être conscients. La conscience englobe tout ce qui les entoure. Quand ils sont conscients, ils n'ont pas besoin de faire attention, parce qu'ils sauront quoi faire.

Les parents disent à leurs enfants des choses comme « Fais attention. Ne parle pas aux gens que tu ne connais pas. » J'ai appris à ne pas dire ça, mais je disais : « Sois conscient. Si quelque chose cloche, barre-toi — peu importe qui c'est. Même si c'est quelqu'un que tu connais, ne fais rien qui cloche avec qui que ce soit, même si tu connais la personne.»

Dain :

Il y a une telle différence entre être *conscient* et faire *attention*. Quelqu'un vous a-t-il déjà dit de faire attention ? Qu'est-ce que ça veut dire ? Être parano ? C'est la seule option que vous ayez. *Faire attention*, c'est être parano. Ça veut dire se tracasser ou être anxieux. Faire attention ça vous paralyse.

Conscient, c'est «Hé, tout est cool, tout est cool, tout est cool. O-oh ! Attends une minute. Qu'est-ce que c'est ? Ça sonne faux. Je vais y être plus attentif ou m'en éloigner.» Être conscient vous donne plus d'options et vous permet d'agir ou de vous barrer.

Gary :

Quand vous dites à quelqu'un de faire attention, vous devez supposer que la personne passe à côté de quelque chose qui pourrait lui causer du tort. En travaillant avec les chevaux, nous avons découvert que si vous avez peur en leur présence, ils vont automatiquement supposer qu'ils sont passés à côté de quelque chose. Ils deviennent nerveux et paranoïaques. Ils pensent qu'ils auraient dû voir la chose qui se passe et qui vous donne peur. Le même principe s'applique à vos enfants. Quand vous dites : «Fais attention», ils supposent qu'ils sont passés à côté de quelque chose, et que ce sera toujours le cas et qu'ils n'ont pas d'autre choix que de passer à côté.

Après notre divorce, mon ex-femme est partie au Mexique avec ma plus jeune fille. Il faut dire que mon ex-femme est assez volatile…

Dain :

Juste un tout petit peu. Elle est comme une tornade, un ouragan et une bombe atomique mis ensemble dans une coquille enrobée de sucre. Je vais me taire maintenant. Continue.

Gary :

Donc voilà ma fille partie au Mexique avec sa mère. Elle avait environ seize ans. Un jour, alors que je lui parlais au téléphone, elle mentionna que sa mère lui disait constamment de faire attention. Elle trouvait ça agaçant et me demandait mon avis.

Je lui ai dit : «Chérie, tu n'as pas besoin de faire attention ; tu dois juste être consciente. Tu parles joliment espagnol, mais tu ne comprends pas chaque mot qui est dit. Si tu es consciente, tu pourras saisir l'énergie de n'importe quelle situation et tu sauras quand le moment est venu de partir. Si quelqu'un essaie de t'embobiner, il utilisera des mots que tu ne comprends pas. Donc, ne fais pas attention, mais sois dans ta conscience.»

Ne fais pas attention ; sois conscient. Une dame m'a raconté une histoire concernant son fils. Elle lui disait tout le temps d'être conscient. Un jour, il était près d'un bâtiment dans une ville, et il pensait «Je ne veux pas être ici. Je veux être là-bas.» Il bougea et quelque chose tomba du bâtiment pour s'écraser sur le trottoir où il était juste avant. S'il avait fait attention, il aurait cherché qui allait l'avoir ; il n'aurait pas été conscient qu'il devait bouger de place parce que quelque chose allait tomber du ciel.

Donc, tout ce que vous gobé vous-même et tout ce que vous avez verrouillé dans votre corps à propos de faire attention, ou en faisant attention, allez-vous détruire et décréer tout cela et le retourner à l'envoyeur ? Right and Wrong, Good and Bad, POD and POC, All 9, Shorts, Boys, and Beyonds.

« As-tu cassé le sol ? »

Autre chose. Quand vos enfants tombent, ne supposez pas qu'ils se sont fait mal et ne courez pas vers eux en leur demandant s'ils vont bien. La douleur est une création, pas une réalité. Quand mes enfants tombaient sur un sol dur, j'allais vers eux et je demandais «As-tu cassé le sol ?» Ils levaient alors les yeux vers moi, disaient *non* et retournaient jouer. Pas de bleus, pas de croûtes, pas de bosses.

Si je leur avais dit «Oh non ! Tu vas bien chéri ?», ils auraient pleuré et eu une grosse bosse sur la tête.

Si tu demandes «As-tu mal ?», ils auront toujours mal. Si tu demandes, «As-tu cassé le sol ?», ils diront *non* et retourneront jouer gaiement.

Parentalité consciente

Être parent en conscience, c'est la volonté de reconnaître que vous n'avez pas réponse à tout et que vous devez apprendre à poser des questions qui réveilleront votre enfant. La conscience, c'est reconnaître que vous ne pouvez pas contrôler votre enfant. Tout ce que vous pouvez faire, c'est le manipuler. Vous pouvez manipuler vos enfants pour qu'ils fassent ce que vous aimeriez et ne pas faire ce que vous n'aimeriez pas qu'ils fassent. La conscience, c'est aussi être prêt à voir ce qui fonctionne pour eux.

Des parents m'interrogent parfois sur la question de discipliner les enfants. Je réponds que j'ai été élevé avec des coups occasionnels, alors, naturellement, j'ai essayé ça avec mes enfants. Ça n'a pas marché. J'ai réalisé alors que la seule façon de discipliner efficacement les enfants, c'est de dire aux enfants ce qui se passera s'ils font quelque chose. Et puis les laisser choisir ce qu'ils veulent faire. Leur donner le choix est toujours la meilleure option. Je donnais à mes enfants le choix entre trois ou quatre choses parmi lesquelles ils pouvaient choisir, dont trois n'étaient pas chouettes. Je disais : « Vous pouvez avoir ça, ça, ça, ou ça. Et si vous ne choisissez pas ceci, vous ne serez pas contents. »

Dain :

Quand les enfants de Gary étaient petits, il ne disait pas « Ne touche pas le four », mais il disait « Si tu touches le four chaud, cela fera très mal. » Les enfants s'approchaient suffisamment pour sentir la chaleur et puis disaient « Oh, Papa a peut-être bien raison. » Il ne leur disait pas de ne pas toucher, mais il les informait de ce qui se passerait s'ils le faisaient.

Gary :

Quand mon fils cadet avait neuf mois, nous allions au supermarché et il se mettait debout dans le chariot. Il ne voulait pas s'asseoir sur le petit siège. Un jour, alors que nous marchions dans le magasin, j'ai dit : « Tu sais quoi, jeune homme ? Tu devrais vraiment t'asseoir parce que si tu tombes sur ce sol dur, tu vas te casser la tête et ça ne sera pas agréable. » Il m'a regardé et il m'a fait « Oh ! » et il s'est assis.

Une dame plus âgée qui était tout près se mit à rire. Elle dit : « C'est la chose la plus bizarre que j'ai jamais vue. Je n'ai jamais vu personne parler à un bébé comme ça. »

Je lui ai dit : « Il a un petit corps, mais c'est un être infini. »

C'est incroyable la différence que cela fait quand on explique les choses aux enfants, même très jeunes. Ils vous écoutent.

Pas plus de quatre règles

Une fois qu'ils sont adolescents, ne leur donnez jamais plus de quatre règles. Avec ma fille cadette, ces règles étaient 1) Ne pas boire et conduire — parce que je sais que tu vas boire ; 2) Tu peux boire à la maison et tes amis peuvent boire à la maison tant que vous n'allez nulle part après ; 3) Les garçons ne peuvent pas passer la nuit à la maison quand je ne suis pas là ; et 4) Jamais plus de trois garçons à la fois à la maison. Il y a une chose que je sais sur les garçons, c'est que quand ils sont en groupe, ils peuvent être très chahuteurs et partir en vrille au mauvais moment.

Je lui ai aussi demandé : « Appelle-moi s'il te plaît pour me dire quand tu rentres, parce que je n'irai pas dormir tant que je ne sais pas que tu es rentrée. Tu veux bien faire ça pour moi ? Ça m'aiderait vraiment. » Ce n'était pas une règle, c'était une demande. Ce sont les seules choses que je lui demandais. Puis je lui disais : « Si tu n'arrives pas, j'irai à ta recherche. »

Dain :
Un soir, Grace a appelé Gary et lui a dit : « Papa, appelle-moi et dis-moi de rentrer à la maison. »

Il a dit « OK ». Et il l'a rappelée tout de suite et lui a dit : « Grace, il faut que tu rentres. » Et elle est rentrée.

Gary lui a demandé : « C'était quoi cette histoire ? »

Elle a répondu : « On était chez mon amie et ses parents étaient partis. Il y avait trois filles et deux garçons qui avaient trop bu et cinq autres garçons saouls aussi allaient arriver. Je ne me sentais pas en sécurité et je voulais que tu me sortes de là. »

Gary :

C'est cela être conscient plutôt que de faire attention.

Si vous n'avez que quelques règles, les enfants commenceront à utiliser leur conscience et à être présents dans leur vie et ils ne créeront pas d'horribles situations auxquelles les parents sont confrontés. Faites confiance à vos enfants. Si vous leur faites confiance et que vous êtes prêt à leur dire que vous leur faites confiance, cela créera une formidable différence dans leur comportement.

Dain :

Qui vous êtes est-il la résultante des restrictions que vos parents vous ont imposées ou de la confiance qu'ils vous ont accordée ? Je dirais que vous êtes qui vous êtes principalement à cause de la confiance qu'ils vous ont accordée.

Gary :

Ou bien avez-vous bien tourné jusque parce que vous étiez cool au départ ?

Dain :

Avant, je pensais que j'étais très bon à l'école et un gamin super cool grâce à toutes les règles et restrictions que mon père et ma belle-mère m'ont imposées. Je pensais qu'elles étaient nécessaires pour élever un enfant. Plus tard, quand j'ai reconsidéré la chose, j'ai réalisé que toutes les règles et restrictions n'avaient rien à voir avec qui je suis devenu. Je me comportais comme je me comportais à cause de moi, en dépit des règles et restrictions.

Gary :

Donc, tout ce que vous avez fait pour ne pas reconnaître que rien dans la discipline qu'on vous a imposée n'avait de rapport avec vous, que vous étiez tout simplement cool, et tout ce que vous n'avez pas été disposé à savoir, être, percevoir et recevoir à ce sujet, allez-vous maintenant le détruire et décréer totalement ? Right and Wrong, Good and Bad, POD, POC, All 9, Shorts, Boys and Beyonds.

Essayer de contrôler les enfants

J'ai quatre enfants. Quand le quatrième est arrivé, j'étais tellement épuisé que je ne pouvais pas envisager la possibilité d'essayer de contrôler ce qu'elle mangeait. Je disais seulement : «Mange tout ce que tu veux, ma chérie.» Elle est maintenant dans la vingtaine et, de tous mes enfants, c'est elle qui mange le mieux. Comment cela se fait-il? Je n'ai pas essayé de la contrôler. Avec mes autres enfants, je m'assurais que tout était bio et qu'ils ne mangeaient pas trop de sucre. C'était contrôle, contrôle, contrôle.

Mon plus jeune fils avait un ami appelé Matt, qui venait souvent chez nous. On avait toujours un service à thé prêt à servir, avec un sucrier et tout ce qu'il fallait pour préparer et servir le thé quand quelqu'un venait à la maison.

Chaque fois que Matt venait à la maison, je retrouvais un gros tas de sucre éparpillé autour du sucrier et partout sur le plateau. Je savais que les parents de Matt lui interdisaient de manger du sucre, et je ne comprenais donc pas comment ça avait pu arriver. Un jour, lors de l'une de ses visites, je me suis caché dans la pièce d'à côté et j'ai attendu de voir ce qui allait se passer.

Je l'ai observé se ruer sur la cuiller du sucrier qu'il y plongea pour enfourner une grosse cuillerée de sucre en bouche, puis encore une et encore une autre. Je suis entré et je lui ai demandé : «Matt, que fais-tu? C'est pas cool pour moi que tu manges du sucre directement dans mon sucrier.»

Matt m'a regardé, l'air totalement effrayé.

J'ai dit : «Tu ne peux pas manger de sucre à la maison, n'est-ce pas?» Il répondit : «Non.»

Je lui ai demandé : «Que se passerait-il si je le disais à ton père?» Matt répondit : «Il me fouetterait.»

Je lui ai dit : «Je ne vais rien dire à ton père, mais tu dois passer un accord avec moi. Je te laisserai manger tout le sucre que tu veux quand tu es chez moi, tant que tu ne manges pas directement dans le sucrier.»

Il a demandé : «Je peux avoir tout ce que je veux?». J'ai dit : «Oui.»

Les trois fois suivantes où il est venu chez nous, il s'est empiffré de sucre, et après, il a oublié, parce que ce n'était plus interdit. Tout d'un coup, la nécessité d'en avoir a disparu. Nous commettons une grossière erreur en tant que parents lorsque nous interdisons à nos enfants d'avoir ou de faire certaines choses.

J'ai commis cette erreur avec ma fille aînée, qui était soi-disant allergique aux produits laitiers et au chocolat. Nous nous sommes assurés qu'elle ne boive que du lait de chèvre et qu'elle ne mange pas de chocolat. Nous avons essayé de contrôler à fond ce qu'elle mangeait. Puis, un jour, elle est partie en camp d'été et nous avons décidé de nettoyer sa chambre. Sous le lit, dans l'armoire, dans chaque tiroir, et partout où c'était possible, il y avait des morceaux de chocolat et des emballages de chocolat froissés. Elle les ramenait en douce sans arrêt.

Soyez conscients que si vous interdisez de faire quelque chose à vos enfants, ils vont le faire.

Dain :

Reconnaissez que vos enfants sont exactement comme vous. Ils sont aussi terribles que vous. Que faites-vous quand quelqu'un vous interdit de faire quelque chose ? Même si c'est vous qui interdisez… Avez-vous déjà essayé de jeûner ? Vous vous dites que vous ne pouvez pas manger. Que voulez-vous faire alors ? Rompre le jeûne le plus vite possible ! Vous ne pensez plus qu'à manger.

Eh bien, vos enfants sont tout comme vous. Si vous pensez que vos enfants seront tellement différents de vous, vous pouvez demander : « Bon, qu'est-ce que j'aurais fait à leur place ? Qu'est-ce que j'aurais fait à leur âge ? » Vous aurez peut-être un peu plus de clarté sur l'endroit à partir duquel ils fonctionnent. Nous avons tendance à penser que nos enfants seront la perfection que nous n'avons jamais été.

Et si vos enfants n'avaient pas à être parfaits ?

Gary :

Ou bien : Et s'ils étaient parfaits exactement comme ils sont ?

Dain :

Et s'ils étaient parfaits exactement comme ils sont, même s'ils ont le TDA, TDAH, des TOC, de l'autisme ou autre chose ?

Et si vous, en tant que parent, étiez parfait exactement comme vous êtes ? Croyez-vous que devez être un parent parfait, le parent idéal, le bon parent ? Et que si vous n'êtes pas le bon parent, si vous n'êtes pas parfait, vos enfants vont mourir et aller en enfer, ou bien ils vont mal tourner et être abominables ? Débarrassons-nous de ces points de vue.

Toutes les décisions, jugements, calculs et conclusions que vous avez pour être la mère parfaite, le père parfait, la sœur parfaite, le frère parfait, l'enfant parfait, la tante parfaite, l'oncle parfait, l'exemple parfait, l'enseignant parfait, la nounou parfaite, le grand-parent parfait, et que vous devez montrer que vous êtes le fils ou la fille parfaits en élevant vos enfants exactement comme vos parents vous ont élevé, allez-vous maintenant détruire et décréer tout cela ? Right and Wrong, Good and Bad, POD and POC, All 9, Shorts, Boys, and Beyonds.

20

Gratitude, amour et affection

Et si la plus grande puissance que vous puissiez être était la gentillesse que vous pouvez être, l'attention que vous pouvez être et l'espace du laisser-être infini que vous êtes ?

~ Dr Dain Heer

Gary :

Mon amie, Annie, qui possède un ranch, dit que parfois les gens viennent au ranch pour être avec les chevaux et les étreindre. Certaines de ces personnes s'approchent d'un cheval comme si elles l'attaquaient parce qu'elles en attendent quelque chose. Le cheval les regarde et demande : « Qui es-tu ? » Il ne veut rien avoir à faire avec eux. Et les gens sont anéantis.

Ces gens ne sont pas là pour donner quoi que ce soit au cheval. Ils ne voient pas le cheval qui se tient devant eux, ils ne demandent pas ce que le cheval pourrait désirer ou requérir d'eux, ils n'essaient pas de savoir ce qu'ils pourraient offrir au cheval; ils ne sont là que pour recevoir. S'ils prêtaient attention au cheval et s'ils savaient comment faire, le cheval leur offrirait de l'attention. Mais du point de vue du cheval (et du mien aussi), leur comportement ne communique absolument pas la bienveillance.

J'ai encore appris autre chose du monde animal. Quand vous êtes reconnaissant pour le cheval, ou le chien ou le chat exactement comme ils sont, tout fonctionne. Vous pouvez librement offrir et recevoir avec eux. Il en va de même pour vos enfants. Comment montrez-vous à vos enfants que vous les aimez ? Vous leur montrez que vous leur êtes reconnaissant.

La gratitude est tangible pour les enfants ; l'amour est intangible. L'amour rend confus. Il y a trop de définitions de *l'amour*.

Anne :

Il y a autant de définitions et de manifestations de *l'amour* qu'il y a de gens. Prenez par exemple la phrase « Je t'aime. » Qu'est-ce que cela signifie pour vous ? Probablement pas la même chose que pour moi. J'entends souvent des parents dire à leurs enfants, soit directement, soit indirectement « Si tu m'aimais, tu le ferais. » Cet amour-là est soumis à la condition que l'enfant soit et/ou fasse ce que le parent veut. Dans les foyers où il y a de la colère ou de la violence, l'amour est associé à la menace, à la peur et/ou à la violence physique. Des parents disent des choses comme « Je fais ça parce que je t'aime. » Dans d'autres relations, l'amour et la culpabilité vont de pair. Dans une famille de ma connaissance, les parents blâmaient leur enfant pour leur situation financière : « Si nous ne t'avions pas, nous aurions plus d'argent. » Dans certaines familles, l'amour dépend de la performance — notes, revenus, accomplissements, ou applaudissements. Dans tous ces exemples, il y a toujours un jugement attaché à l'amour.

Gary :

Il est beaucoup plus important de communiquer de la gratitude que de dire à un enfant que vous l'aimez. Je parlais à un homme en Australie dont l'ex-femme avait emmené leur fille hors du pays. Il n'avait pas vu sa fille depuis dix-sept mois. Elle était sur le point de revenir et il ne savait pas trop comment l'aborder. Il m'a demandé comment rétablir leur connexion.

Je lui ai dit : « Ta fille a été éloignée de toi depuis longtemps, mais as-tu jamais perdu ta connexion avec elle ? »

«Non», répondit-il. Il réalisa alors que la connexion n'avait pas été perdue bien qu'ils ne s'étaient pas vus depuis plus d'un an.

Je lui ai dit : "Parfois, les parents qui emmènent un enfant tentent de faire en sorte que le fait de partir soit OK en disant des choses comme : «Ton père ne veut pas de toi.» Pose à ta fille des questions comme "Sais-tu que je t'ai cherchée pendant tout ce temps? Que t'a-t-on dit de mon point de vue? Sais-tu que tu es la chose la plus importante de ma vie? Sais-tu que je me soucie énormément de toi et que je suis reconnaissant de t'avoir dans ma vie?" Puis, dis-lui : "Merci de revenir vers moi."»

Dans cette réalité, l'amour est une question de jugement et de critique. La gratitude pas. La gratitude, c'est cet endroit où vous êtes reconnaissant que la personne se soit présentée dans votre vie, reconnaissant qu'elle soit là le temps qu'elle est là, sans jugement. Contrairement à l'amour, la gratitude ne peut exister que lorsqu'il n'y a pas de jugement.

La première étape consiste à avoir de la gratitude pour vous-même. Si vous n'avez pas de gratitude pour vous-même, vous ne pouvez pas en avoir pour votre enfant. Et si vous n'avez pas de gratitude, vous devez juger. Soyez reconnaissant pour les choses que vous avez pu accomplir dans votre vie, soyez reconnaissant pour les choses que vous êtes capable de percevoir dans votre vie, et soyez reconnaissant pour le fait que vous n'avez pas besoin de vous juger. Une fois arrivé là, vous pouvez commencer à être dans le laisser-être pour vous-même, pour tout votre entourage, en particulier votre enfant.

Anne :

Et si vous pouviez avoir de la gratitude pour votre enfant, exactement comme il est, peu importe ce qu'en pensent les autres, en dépit de ce que les autres disent? Et si vous pouviez embrasser les différences de votre enfant?

Les enfants autistes fonctionnent principalement à partir de l'énergie plutôt qu'à partir des émotions, pensées ou sentiments. Ils font preuve d'affection très différemment des autres enfants; en fait il peut parfois ne pas y avoir de signe physique d'affection ou d'amour, parce qu'ils n'aiment pas les câlins, ou regarder dans les yeux. Pourtant, si vous vous connectez énergétiquement à votre enfant, vous saurez ce qui se passe dans son monde.

Quand on demanda à Temple Grandin lors d'une conférence TEDx s'il pouvait être irréaliste que les parents d'un enfant autiste pensent que leur enfant les aime, elle répondit « Eh bien, laissez-moi vous dire, votre enfant sera loyal, et si la maison brûle, il va vous en sortir. »

Un garçon de cinq ans, du spectre autistique, m'avait été amené parce qu'il avait arrêté de parler. Il ne me regardait jamais dans les yeux et il fit parler son père à sa place et l'envoya chercher des jouets pour lui. Durant la première séance, j'étais assise par terre et je parlais avec son père. Je gardais le garçon dans ma vision périphérique parce que je savais que si je le regardais dans les yeux, ce serait trop pour lui. Je me suis simplement rendue disponible énergétiquement pour lui. Je n'exigeais rien de lui. À la fin de la première séance, il jouait avec des jouets par terre, assis près de moi, me tournant le dos.

Au bout de trois mois, il parlait, non seulement à moi, mais aussi à ses parents et aux gens de sa communauté. Est-ce qu'il m'appréciait ? Oui. Est-ce que je l'appréciais ? Oui. Est-ce que nous manifestions notre affection par des câlins ou un contact physique ? Non. Comment pouvais-je dire qu'il m'appréciait ? Par la façon dont son regard s'allumait quand il me voyait arriver dans la salle d'attente, par la façon dont il insistait pour me raconter des histoires et faisait taire son père quand il essayait de clarifier des choses et la façon dont il disait à son père : « Papa, on habite ici maintenant. On n'a pas besoin de retourner à la maison. »

Son père comprenait tout cela et n'exigeait pas de lui d'être aussi affectueux que son plus jeune frère. Il ne lui demandait pas non plus d'être quelqu'un qu'il n'était pas. Au lieu de cela, il manifestait son appréciation en facilitant son fils pour apprendre des outils qui lui permettraient de fonctionner avec plus d'aisance dans le monde.

Gary dit : « Quand vous aimez vraiment, vous ne défendez rien ni personne. » Le papa du petit garçon ne défendait pas son fils et ne défendait le point de vue de personne. Il était simplement dans le laisser-être — reconnaissant pour son fils, exactement comme il était.

Gary :

Pour moi, l'affection véritable, c'est être dans le laisser-être et reconnaître les choix infinis qu'ont les enfants. L'affection véritable, c'est quand vous permettez à l'autre d'être exactement qui il est et de faire exactement ce qu'il fait, sans avoir de point de vue là-dessus.

21

Être capable et disposé à percevoir ce qui est

Si les enfants captent les pensées, sentiments et émotions de leur entourage et que vous projetez sur eux qu'ils sont handicapés, que faites-vous ?

~ Gary Douglas

Gary :

Percevoir, c'est être conscient de ce qui est en train de se passer. Quand vous percevez quelque chose, vous prenez conscience de ce qui est là dans l'instant, sans tirer de conclusion que si c'est comme ça maintenant, ce sera comme ça pour toujours. Ce qui se présentera demain pourrait être différent. Quand vous percevez ce qui est, et que vous posez une question au lieu de tirer une conclusion, vous avez une conscience accrue.

Anne :

Au chapitre précédent, j'ai parlé d'un petit garçon de cinq ans, du spectre autistique, qui avait cessé de parler. Quand son père me l'a amené la première fois, le garçon refusait de parler et encore moins de reconnaître ma présence. Si j'avais transformé ma perception de lui en une conclusion que quelque chose clochait chez lui ou qu'il ne parlerait plus jamais, je lui aurais envoyé l'énergie qu'il recevait déjà de nombreuses autres sources. J'aurais été comme la mère dont Dain parlait, qui recherchait les symptômes de l'autisme sur Internet et que son fils, Nicolas, captait dans sa tête, et qui commençait à présenter ces symptômes et comportements.

Toutefois, au lieu de tirer des conclusions sur mon client qui ne parlait pas, j'ai posé des questions comme :

- Qu'est-ce que c'est ?
- Que faudrait-il pour que ça change ?
- Qu'est-ce qui est juste à ce sujet que je ne saisis pas ?
- Que nous raconte-t-il (en ne parlant que sélectivement) ?
- Quelle est la valeur de ne pas parler ?

Ces questions m'ont amenée à une conscience énorme du garçon, de sa famille et de ce qui est possible pour lui. Elles m'ont aussi amené d'autres questions à lui poser ainsi qu'à son père, qui leur permettraient d'avoir plus de conscience.

Percevoir, ce n'est pas prétendre que quelque chose qui est, n'est pas. Il ne s'agit pas de dire «Tout va bien.», alors qu'en fait, il y a peut-être des choses qui se passent qui ne fonctionnent pas et qui pourraient être changées. Il ne s'agit pas d'une foi aveugle qui, d'une façon ou d'une autre, si vous pensez suffisamment de pensées positives, tout finira par se mettre en place. Non ! Il s'agit d'être prêt à être avec ce qui est. Dans le cas de ce petit garçon, il s'agissait de percevoir qu'il ne parlait pas et ensuite de poser des questions sur ce qu'il faudrait pour que cela change.

Être prêt à voir ce qui est

Gary :

Il est fondamental pour pouvoir considérer de nouvelles possibilités pour vous-même et votre enfant d'être capable et d'être prêt à voir les choses comme elles sont. La volonté de voir ce qui est — de le percevoir et de le recevoir — est un facteur essentiel. Sans cette capacité, les parents ne pourront pas recevoir les informations dont ils ont besoin et ils ne pourront pas voir ce qui est possible pour leur enfant. Ils fonctionneront comme tant de gens, à partir de leurs décisions, conclusions et jugements précédents plutôt qu'à partir de la clarté sur l'être extraordinaire qui se tient devant eux.

Dain :

Si vous n'avez pas totalement accès à la perception de quelque chose, c'est parce qu'à un moment donné, vous avez décidé que ce n'était pas possible. Par exemple, si vous avez décidé qu'il était impossible de percevoir tout ce qui se passe dans l'univers d'un enfant autiste, y compris l'information qu'il communique et reçoit et ensuite, qu'il ne vous sera jamais possible de percevoir tout cela.

Anne :

En tant que parent, comment ça serait si chaque matin, vous pouviez détruire et décréer tous les endroits où vous n'avez pas été disposé à percevoir et recevoir *ce qui* touche à votre enfant ?

> *Partout où je ne suis pas disposé à percevoir et recevoir ce qui touche à mon enfant, je détruis et je décrée tout cela. Right and Wrong, Good and Bad, POD and POC, All 9, Shorts, Boys, and Beyonds.*

Gary :

Parfois, des parents peuvent commencer à percevoir la vérité de leur enfant, ce qui est vraiment bien, mais en même temps, ils veulent que leur enfant se conforme à toutes les normes et attentes de cette réalité. Ils sont coincés par un point de vue fixe sur ce à quoi cela devrait ressembler. Ils vont reconnaître qu'effectivement, ils voient les talents et capacités de leur enfant, et ils sont sincères en cela, et ils vont aussi demander : « Alors, comment fait-on pour qu'il soit normal ? Comment fait-on pour qu'il s'intègre ? »

Dain :

C'est comme si la mère d'Einstein demandait « Comment faire en sorte qu'Albert oublie la théorie de la relativité sur laquelle il travaille et devienne un petit peu plus normal ? »

Gary :

Oui, « Albert, fais juste des maths normales. Ne fais pas ces trucs bizarres. » C'est comme si on tentait de transformer les Einstein de ce monde en petits comptables. C'est impossible. Ça ne fonctionne pas comme ça. Mais on persiste à essayer, comme si ça allait finir par fonctionner.

Dain :

On dirait que personne ne considère cela du point de vue « Qu'est-ce qui est possible ici ? ». Au lieu de cela, tout le monde dit : « Tu es tordu. Comment on te rend normal ? Comment diminuer tes capacités pour que tu puisses t'intégrer à nous ? » C'est comme avoir des gens capables de voler, mais on voudrait empêcher ça. On leur achète des bottes en plomb, et s'il s'avérait qu'ils volent encore avec grande puissance, même chaussés de leurs bottes en plomb, on leur achète des vêtements en plomb.

Gary :

Aux États-Unis, on a adopté le point de vue de la chaîne de montage, de la production en masse. Nous modelons un produit et puis nous le reproduisons continuellement. Nous avons de la nourriture et des restaurants produits en masse. Vous pouvez aller dans un MacDonald's, un Kentucky Fried Chicken, ou un Pizza Hut n'importe où dans le monde et vous aurez le même produit. Où qu'ils soient, ils fabriquent la même chose. La nécessité de rendre tout pareil a enlevé la valeur de l'individualité.

Nous apprenons tous de manière unique et malheureusement, l'idée d'être unique et d'apprendre de manière unique est passée de mode. Nous favorisons à présent l'approche de l'emporte-pièce. Et nous sommes maintenant sur la voie de la destruction. Nous consommons la planète le plus rapidement possible et c'est pourquoi les X-Men ont peut-être bien quelque chose de très important à nous apprendre : ne *pas* être normal est une très bonne chose.

Dain et moi avons passé un certain temps avec un jeune garçon autiste à Perth, qui avait une capacité extraordinaire à façonner l'argile. Il façonnait d'énormes et magnifiques dinosaures en trois minutes. Sa mère était venue nous trouver parce qu'elle avait vraiment du mal avec lui. Elle voulait qu'il soit plus « normal ».

Dain :

Nous lui avons dit : « Il est tellement brillant ! »

Gary :

Sa mère a répondu : « Mais il ne parle pas. »

Je lui ai demandé : « A-t-il besoin de parler pour que vous sachiez ce qu'il fait ? » Elle répondit : « Eh bien non, mais il doit parler pour pouvoir aller à l'école. »

Je lui ai dit : « Eh bien, peut-être pour le moment, mais avec un peu de chance, un temps viendra où ce ne sera pas une nécessité. »

Après avoir travaillé avec ce petit garçon, il nous a regardés droit dans les yeux. Il disait : « Merci, merci, merci. »

Puis il a grimpé sur les genoux de sa mère et lui a fait un câlin. Elle éclata en sanglots, parce que ce garçon de huit ans n'était jamais venu sur ses genoux pour faire un câlin avec elle. C'était un changement énorme.

C'était malheureux que sa mère se fixait tant sur le fait qu'il ait un apprentissage linéaire, parce qu'avec ses capacités artistiques, ce garçon aurait pu être un artiste extraordinaire. Hélas, ses capacités artistiques ne seront jamais développées parce qu'au lieu de voir ce dont il était capable, ses parents et enseignants essayaient de développer ses capacités linéaires pour qu'il ressemble plus à tout le monde. Ils ne valorisaient pas la différence qu'il était ; en fait, ils en avaient peur. Une majeure partie de nos systèmes scolaires a peur de ce qui est différent.

Les parents qui ont un intérêt personnel à avoir un enfant « handicapé »

J'avais une jeune fille dans l'une de mes classes à New York qui avait de la schizophrénie paranoïde. Elle était un portail ; un point d'entrée pour les entités. Pendant la classe, nous avons fermé les portails et les entités qui étaient autour d'elle sont parties. Cela lui a vraiment facilité à vie.

Quelques jours plus tard, je suis allé déjeuner avec le psychiatre et les parents de la jeune fille. Le psychiatre voulait savoir ce que j'avais fait parce que j'avais obtenu un résultat en un week-end qu'il n'avait jamais pu obtenir en toute une vie.

Je lui ai dit : « Nous avons simplement fermé les portails et je lui ai appris à gérer les entités. »

La mère de la jeune fille s'est tournée vers moi et m'a dit : « Non, ce n'est pas ce que *vous* avez fait. » Puis, elle s'est tournée vers le psychiatre et a dit : « Ce sont les médicaments que vous lui avez donnés. Vous avez finalement trouvé le bon médicament. »

Le psychiatre l'a regardée et a pensé : « Oh, maintenant je sais où est le problème. »

Je savais aussi où était le problème. La mère voulait que sa fille soit handicapée ; elle ne voulait pas que sa fille soit capable de prendre sa propre vie en main.

Les parents comme cette mère peuvent s'irriter lorsque vous enlevez les prétendus « handicaps » de leur enfant. Ils veulent prouver à quel point ils sont attentionnés pour leur enfant en montrant à quel point leur enfant est spécial. Il y a une valeur pour eux à coller une étiquette sur leur enfant. Cela leur donne quelqu'un qui ne les quittera jamais. De cette façon, ils ont l'enfant pour toujours. Et ils ne veulent pas reconnaître qu'ils pourraient avoir une autre possibilité.

Que se passe-t-il dans de tels cas où les parents ont un intérêt personnel à ce que leur enfant X-Man soit « normal » ou « spécial » plutôt que qui ils sont vraiment ? Ils ne perçoivent pas, ne voient pas ou ne reçoivent pas l'être incroyable qu'ils ont devant eux. Ils trouvent un tort chez leur enfant auquel soit ils résistent ou réagissent, ou avec lequel ils s'alignent et s'accordent. Et pourtant… et s'il n'y avait tout simplement aucun tort ?

J'ai travaillé avec un petit enfant à Perth qui touchait tout le temps le mobilier. On l'avait emmené chez de nombreux psychiatres, psychologues et autres personnes qui l'avaient testé et évalué. Je me suis assis près de lui et j'ai dit : « Je ne suis pas là pour te tester. Je ne suis pas là pour rien d'autre que te parler de ce que tu peux faire et du fait qu'il n'y a rien qui cloche chez toi. »

Il n'avait pas envie d'avoir cette conversation. Il est resté assis près de moi pendant un temps, puis il a commencé à toucher le mobilier. Je l'ai observé pendant quelques minutes et puis j'ai demandé : « Quelles informations reçois-tu des meubles quand tu les touches ? ».

Personne n'avait jamais reconnu cela. Le garçon fit alors : « Waouh ! Ce gars capte autre chose que les autres ! »

Je lui ai demandé : « Est-ce que tu réalises que tu es comme Harry Potter ? Tu as de la magie en toi qui fait que quand tu touches les choses, elles te parlent ? »

Le garçon réfléchit un instant puis il dit : « Oui, je suis comme ça. »

Dain :

Tout le monde faisait de ses capacités un tort. Pouvez-vous imaginer comment ça serait pour vous d'avoir une capacité incroyable et tout le monde vous dirait que vous êtes bizarre, handicapé et en tort ? Comment vivriez-vous votre vie au final ? Est-ce que vous vous expanseriez dans vos capacités ou bien est-ce que vous les étoufferiez autant que possible ?

Après cette conversation, ce garçon a pu lâcher certaines de ses considérations qu'il était handicapé. C'est vraiment malheureux que tant d'enfants qui ont des capacités comme celles que nous avons décrites soient taxés de handicapés.

Gary :

Est-ce que cela aide vraiment l'enfant quand les gens le voient comme handicapé ou dysfonctionnel ? Non ! Ces enfants sont inutilement dans la douleur et la souffrance parce que nous persistons à essayer de les rendre finis plutôt que de voir ce que sont leurs véritables capacités. Nous projetons sur eux qu'ils sont handicapés, stupides, en tort et différents de tout le monde. Ils captent tout cela, même si cela n'est pas exprimé verbalement.

Quelqu'un dit aux enfants qu'ils sont handicapés, et ils essaient alors de devenir ce qu'on leur a dit qu'ils étaient. On leur a collé un rôle, ils le jouent. Une enseignante m'a raconté qu'elle avait des enfants dans sa classe à qui on avait dit qu'ils avaient le TDA. C'était clair pour elle que ces enfants n'avaient pas de TDA ; ils avaient commencé à imiter le comportement d'autres enfants qui l'avaient. Elle me disait : « C'est un problème énorme. Comment aborderais-tu les choses ? »

Je lui ai répondu : « Le diagnostic est fatal. Si tu peux montrer aux enfants que tu ne vois pas leurs capacités comme des incapacités, cela peut faire une énorme différence pour eux. Une chose que tu peux faire en amont, c'est de demander aux enfants s'ils sont réellement incapacités ou s'ils ont une capacité. » Ils ont souvent des capacités extraordinaires, et le fait de leur poser la question leur permet de savoir ce qu'ils savent.

Au bout du compte, reconnaître que les enfants — tous les enfants — sont des êtres infinis avec des capacités infinies à percevoir, savoir, être et recevoir est la chose la plus importante qu'un parent, ou enseignant puisse faire pour les aider. Ceci est particulièrement vrai pour les enfants qui ont un diagnostic d'autisme, de TOC, TDA ou TDAH ou toute autre étiquette, parce qu'en réalité, ils ont vraiment des dons spéciaux.

Anne :

J'ai travaillé avec beaucoup de parents qui avaient adopté les étiquettes et diagnostics qu'on avait mis sur leurs enfants, pas nécessairement parce qu'ils y croyaient, mais parce qu'ils n'avaient pas conscience qu'il était possible de voir les choses autrement. Ils fonctionnaient à partir de l'espace de faire de leur mieux avec l'information qui était à leur disposition à ce moment-là. Même ceux qui semblaient se comporter comme s'il fallait que leur enfant ait un problème ou un handicap ont parfois changé de façon de faire quand une nouvelle possibilité s'est présentée à eux. Je suis prête à continuer à accompagner les parents qui reviennent me voir, même si les choses ne semblent pas changer sur le moment. Ceux qui sont attachés à l'idée qu'il y a un problème chez leur enfant sont ceux qui cessent de venir me voir, non pas parce que je les repousse, mais parce que je n'adopte pas la position qu'il y a quelque chose qui cloche chez leur enfant ou chez eux.

Séparation ou intégration ?

Gary :

On m'a demandé s'il valait mieux pour les enfants X-Men d'être intégrés avec ce qu'on appelle des enfants «normaux» à l'école ou s'il valait mieux pour eux d'être dans des classes avec des enfants qui leur ressemblent plus. Mon point de vue est qu'il est probablement plus utile de les séparer et de leur donner les outils pour gérer le monde et comprendre qu'ils sont des capacités — et non des handicaps. Ils pourront ensuite être intégrés avec d'autres enfants, s'ils le souhaitent. Si vous leur demandez, ils vous diront quand ils veulent être intégrés.

Dain :

Il est probablement plus facile d'intégrer de plus jeunes enfants avec d'autres enfants dans les classes parce que quand ils sont plus jeunes, ils ne connaissent pas encore la signification de «handicapé», et donc, ils ne projettent pas cette étiquette aussi lourdement sur eux-mêmes ; toutefois, ils commenceront à le faire si leurs enseignants et parents le font.

Gary :

Certains des enfants dont nous avons entendu parler ont choisi d'être intégrés. Au départ, ils ne souhaitaient pas se retrouver dans des classes avec d'autres enfants, parce qu'ils n'aimaient pas avoir affaire à des enfants qui les voyaient comme «handicapés».

Leur professeur a dit : «Hé, tu es plus comme Harry Potter ; tu es plus comme les X-Men.»

Ils ont répondu : «Vraiment ?»

Elle leur a répondu : «Oui, tu es un mutant.»

Les enfants ont dit : «Oh, OK, super.» C'était OK pour eux d'être des mutants parce que les enfants dans les films X-Men sont totalement cool et ne fonctionnent pas comme les autres. Ce petit truc leur a permis d'être avec d'autres enfants, même s'ils se moquaient d'eux parce qu'ils étaient «spéciaux.»

Comment est-ce que je travaille avec les parents? Je leur demande toujours ce qu'ils aimeraient retirer de leur travail avec moi comme thérapeute pour leur enfant. Et je ne prends pas position sur ce qu'ils disent, quoi qu'ils disent. Je leur pose énormément de questions et beaucoup d'entre eux peuvent passer à un nouvel espace par rapport à leur enfant. Et certains ne le choisissent pas. Certains changent très rapidement; d'autres prennent beaucoup plus de temps. Une maman m'a récemment remerciée de ne pas l'avoir jugée d'être réticente à changer et d'avoir été patiente avec elle. Comme dit Gary : «Tu captes quand tu captes!»

22

Le langage de l'énergie.

Le premier langage de la vie, c'est l'énergie.

~ Gary Douglas

Anne :

L'une des premières questions que je me souviens avoir entendues d'un facilitateur Access Consciousness était : «Et si votre premier langage était l'énergie ?» Alors ça, cela faisait sens pour moi! Je m'étais toujours demandé comment, à quatre ans, j'étais capable d'apaiser des bébés qui pleuraient sans dire un mot. Et si l'énergie était le langage que nous parlions en réalité ?

Quand vos enfants étaient bébés, pouviez-vous distinguer un pleur de fatigue, d'un pleur de lange mouillé et d'un pleur de faim ? Avant que votre enfant développe son vocabulaire, étiez-vous capable de savoir de quoi il avait besoin ? Pouviez-vous communiquer avec eux ? C'est cela que j'appelle le langage de l'énergie. Il est non verbal et il n'est certainement pas cognitif. Le langage de l'énergie outrepasse votre esprit logique et parle à ce qui est en dessous qui est en fait le cœur de ce qui est communiqué.

Après le décès de mon beau-père, ma mère est venue vivre avec mon mari et moi, les deux dernières années de sa vie. Elle souffrait de démence profonde et, avec le temps, tant sa mémoire à court terme qu'à long terme ont été touchées. Elle avait trois questions favorites qu'elle posait en boucle : «Quelle heure est-il?» «Quelle date sommes-nous?» et «Où est Josie?» (Josie, c'était son chat). Et dès le moment où la réponse quittait vos lèvres, elle ne se souvenait jamais de votre réponse.

Régulièrement, elle s'irritait et disait des choses comme «Est-ce que je suis toujours vivante? J'ai vécu trop longtemps! Je ne veux plus être là!» J'ai demandé à l'aumônier de l'hospice ce que je pouvais dire à ma mère pour la soulager et il m'a décrit ce qu'il appelait les «conversations du cœur.» De mon point de vue, il ne s'agissait pas tant de conversations du cœur que de communication avec l'énergie.

Alors, je lui ai dit : «Je ne sais pas non plus pourquoi tu es encore là, Maman. Je suis contente que tu sois là. Je ne veux pas que tu t'en ailles une minute plus tôt que ce que tu aimerais ou que tu restes une minute plus longtemps que ce que tu voudrais. Tu sauras quand le moment est venu et je ferai tout ce que je peux pour t'aider.» Et comme c'était ma mère, je l'ai rassurée que j'étais heureuse, que je ne l'oublierais jamais et que j'étais tellement reconnaissante pour elle. Je l'ai remerciée pour tout ce qu'elle avait fait pour moi.

Son soulagement était visible. Son corps se détendait, ses préoccupations quittaient son visage et elle ne posait plus cette question des mois durant. Et quand elle la posait à nouveau, je disais la même chose, avec le même résultat, jusqu'à ce qu'elle choisisse de partir.

Même si j'avais utilisé des mots pour lui parler, il était clair pour moi que ce qu'elle recevait, c'était l'énergie de ma communication— un peu comme avec les pleurs des bébés que je parvenais à apaiser quand j'étais enfant.

Dain :

Avez-vous jamais étreint une personne en ayant l'impression que vous pourriez rester là pour toujours, à fondre et tomber dans la personne vous étiez en train d'étreindre? Et à l'opposé, avez-vous déjà étreint une personne en ayant l'impression d'avoir un rocher sur pattes dans les bras? Ces deux expériences sont-elles différentes? Alors, vous savez ce que nous voulons dire quand nous parlons d'énergie.

Il s'agit de deux expériences énergétiques totalement différentes — de deux « énergies » totalement différentes.

C'est aussi simple que ça.

Gary :

Quelle est la base de l'univers ? L'énergie. Chaque particule de l'univers a de l'énergie et de la conscience. L'énergie est la substance par laquelle se produit la transformation. L'énergie est présente, malléable et changeable à la demande.

Vous donnez et recevez beaucoup plus de communication énergétiquement que par les mots, mais si vous êtes comme la plupart des gens, vous êtes largement inconscient de ce que vous communiquez par l'énergie. Nous essayons de voir si nous pouvons ouvrir les communications que vous avez avec vos enfants, pour que vous puissiez communiquer sur un plan énergétique. Anne fait cela tout le temps dans son travail. Quand elle est en séance avec des enfants, elle utilise parfois des images pour communiquer et parfois pas — mais ce n'est jamais une simple communication linéaire avec des mots. C'est toujours une communication énergétique instantanée qui part d'elle vers l'enfant. C'est « Qu'est-ce que tu fais ? Je suis là. Je suis là avec toi. »

Les enfants autistes excellent à la communication énergétique. C'est l'un des domaines où nous sommes beaucoup moins conscients qu'eux. Ces enfants ont une conscience aiguë des énergies dans une pièce, qui est bien plus intense que ce que la plupart d'entre nous sont capables de gérer.

Dain :

Si votre enfant n'est pas verbal, reconnaissez simplement à partir d'où il fonctionne.

Anne :

Et reconnaissez ce qu'il capte. Par exemple, s'il y a des soucis financiers ou des préoccupations concernant des grands-parents, prétendre que tout cela ne se passe pas est une erreur. Les enfants sont bien plus capables de puiser dans l'énergie de ce qui se passe que la plupart d'entre nous veulent bien reconnaître.

Même si votre enfant n'est pas verbal, vous pouvez lui parler comme je l'ai fait avec ma mère, et votre enfant comprendra. Vous n'avez certainement pas besoin de partager des détails superflus avec votre enfant, mais en reconnaissant l'énergie qui est là, vous donnez à votre enfant le cadeau de sa conscience.

Gary :

Les enfants captent cela, particulièrement les enfants autistes. Quand l'énergie d'une situation ne correspond pas aux mots qui sont exprimés, ils sont confus et peuvent répondre de diverses manières, de l'agitation extrême au repli total. Pour eux, le monde est un lieu insensé où ce que les gens pensent n'est pas ce qui sort de leur bouche et ce que les gens pensent ne correspond pas à ce qu'ils font.

Les enfants autistes sentent tout cela, mais ils n'arrivent pas à y donner du sens. Ils ne peuvent créer aucun ordre dans leur univers avec cela. Quand vous commencez à parler de cela avec eux, le chaos dans leur univers commence à s'aligner. Ils commencent à réaliser : «Oh, je ne dois rien faire avec ça. Ça n'a pas vraiment d'importance.» Quand ils captent qu'il y a quelqu'un avec qui ils peuvent établir un lien de communication, cela commence à créer un sentiment de paix en eux. Une grande partie de leur nervosité s'en va.

Dain :

Si votre enfant est non verbal, reconnaissez simplement à partir d'où il fonctionne. Si vous êtes le parent ou l'enseignant d'un enfant autiste ou si vous avez des interactions avec des enfants autistes, vous pouvez dire : «Eh, tu sais quoi ? Communiquer par l'énergie, c'est une capacité. Peu de gens comprennent ça. On peut s'entraîner pour voir comment tu pourras communiquer avec le monde extérieur.» Vous leur donnez un moyen d'effectivement communiquer avec le reste du monde.

Une expérience

L'une de mes amies, qui travaille avec des enfants qui ont des besoins spéciaux dans le système scolaire public m'a raconté une « expérience » qu'elle avait faite pour connecter les enfants à leur propre espace. Elle voulait jouer avec la communication énergétique pour voir si cela fonctionnait vraiment.

Elle avait décidé de ne pas parler aux enfants en entrant dans la classe pour travailler avec quelques élèves. Elle n'essaierait pas d'établir de contact visuel. Elle irait simplement de l'avant de la classe au fond, où se trouvaient les ordinateurs et s'installerait devant l'un des ordinateurs. Son idée était de voir si elle pourrait se connecter énergétiquement aux enfants sans utiliser de mots, sans le regard ou un quelconque langage corporel.

Donc, elle s'est installée devant un ordinateur au fond de la classe, et a simplement demandé à être espace et à se connecter aux jeunes. En moins de trente secondes, un jeune élève qui était à quelques mètres s'est retourné, l'a regardée droit dans les yeux et lui a dit : « Je vous adore. »

Mon amie racontait : « J'étais prête à aller là où il était et à simplement être l'espace et cela est devenu pour lui une invitation à se connecter à moi. »

Anne :

Quand je parle de communiquer avec l'énergie, beaucoup de gens à qui je parle me disent qu'ils ne peuvent pas communiquer de cette façon. Et si ce n'était pas vrai ? En fait, même si nous n'en avons pas conscience, n'est-ce pas notre mode principal de communication ?

Prenez par exemple une situation à la maison qui pourrait tourner au drame et à l'énervement, comme se préparer le matin. Que se passe-t-il énergétiquement chez vous quand le réveil sonne la première fois ? Et après ? Puis, quand il est l'heure de réveiller votre enfant, qui ne préférerait pas rester au lit ou à la maison ? Et cela continue… N'y a-t-il pas un schéma énergétique établi qui se traduit par *d'horribles matins* ? Sentez-vous l'énergie qui circule entre les membres du ménage, l'énergie de « *et c'est reparti pour un tour* » ?

Prenez aussi par exemple, une situation où votre enfant était mignon, facile et joyeux, jouant dans un lac ou une piscine, ou quand vous lisez un livre ensemble, ou que vous êtes simplement dans la même pièce, paisiblement installés. Pouvez-vous puiser dans cette énergie ? Voyez-vous que vous communiquiez énergétiquement les uns avec les autres ?

23

Trucs et outils pour réussir à l'école

« Donne-moi la réponse. »
Nous sommes entraînés depuis que nous allons à l'école à avoir la bonne
réponse.

~ Gary Douglas

Anne :

Le système scolaire actuel fonctionne selon la mentalité de «apprends ceci, répète ceci, et restitue ceci, apprends cela, répète cela, et restitue cela.» Est-ce de l'apprentissage – ou de la programmation ? En gros, les écoles programment les enfants à être de bons citoyens; elles les entraînent à bien fonctionner avec le reste du monde sans faire de vagues.

L'une des cibles que nous visons avec Access Consciousness c'est de rassembler les écoles qui vont aider tous les enfants à puiser dans leur propre savoir. Nous avons rencontré un certain nombre d'étudiants, même dans le système scolaire classique, qui ont la capacité de répondre instantanément à une question mathématique — sans pouvoir démontrer les étapes suivies pour parvenir à la réponse; en fait, ces étapes n'existent pas pour eux, parce qu'ils *savent* tout simplement la réponse. Cela peut aussi se passer en sciences ou dans n'importe quelle autre matière. Le jeune regarde un problème ou une question et boum!, il a la réponse.

Les enseignants ont tendance à leur donner tort pour cela. En conséquence, les jeunes pensent souvent qu'il y a quelque chose qui cloche chez eux, parce qu'ils *savaient* – mais n'ont pas pu démontrer leur réponse ou expliquer comment ils y sont arrivés. Si, en tant que parents, enseignants et éducateurs, nous pouvions arriver au point où nous nous reconnaissons que nous, en tant qu'êtres, pourrions fonctionner ainsi à partir de notre savoir, nous pourrions complètement changer le système scolaire.

Outil : Est-ce que tu as la réponse dès que la question est posée ?

Dain :

Si vous avez un enfant qui a des problèmes en sciences, en maths ou n'importe quelle autre matière où il doit fournir des réponses à des questions, la première chose à demander à l'enfant c'est : « Est-ce que tu as la réponse dès que la question est posée ou que tu l'as lue ? »

À un moment donné, la fille cadette de Gary avait des C et des D en sciences et math. Elle a demandé : « Tu veux bien me donner des cours particuliers ? »

J'ai pensé « Tu veux rire ? » Je n'avais aucune idée de comment donner des cours particuliers, mais j'ai dit « OK, voyons comment ça fonctionne. »

On s'est installé et j'ai dit : « Fais-moi quelques-uns de ces problèmes. Laisse-moi voir où va ta tête et ce qui se passe. » J'ai vu qu'à l'instant où elle lisait la question, une réponse lui sautait à l'esprit. Je le sentais énergétiquement. Et elle lisait, lisait, lisait et était en mode questionnement et tout d'un coup, il y avait un petit « pop » énergétique quand elle avait la réponse. Mais au lieu de faire confiance à son savoir, elle essayait d'arriver à la réponse par la logique parce que personne n'avait dit : « Hé, il est possible que la réponse te vienne d'un coup dans la tête. C'est OK. »

Alors, au lieu de prendre la réponse qu'elle *savait*, elle essayait *d'arriver logiquement* à la réponse – et la plupart du temps c'était faux. Elle avait déjà la réponse, mais elle n'avait pas confiance que c'était la bonne. C'était incroyable de voir ça à l'œuvre.

Je lui faisais lire la question et puis je l'arrêtais dès que je voyais que la réponse arrivait. Je lui disais : « OK, stop ! Qu'est-ce qui est venu ? Note ça. » Elle notait la réponse, qui était toujours la réponse correcte ou une partie de la réponse. Cela se passait instantanément, mais quand elle essayait d'y arriver par la réflexion ou de démontrer la réponse, c'est là qu'elle se retrouvait en difficulté.

Elle se sentait bête et nulle. Elle pensait qu'elle ne savait rien des matières qu'elle étudiait, mais une fois qu'elle a vu qu'elle avait vraiment les réponses, elle a réalisé qu'elle en savait beaucoup.

S'expanser

Anne :

Durant une journée d'école typique, on demande aux enfants d'être attentifs et de se concentrer, ce qui signifie qu'ils doivent contracter leur univers ainsi que leur conscience. Quand cela arrive, les événements peuvent devenir significatifs ou importants, ou la densité peut se transformer en énervements ou malaise. Par exemple, quand un professeur de mathématique est lent, il ne comprend pas comment un X-Man à haute vitesse a pu résoudre un problème mathématique et le X-Man pourrait croire que le professeur pense qu'il est stupide et en tort, ce qui pourrait l'amener à se mettre en colère ou en retrait.

Je pourrais demander à l'enfant de s'expanser et de prendre conscience que le professeur de mathématique est lent alors que lui est rapide comme l'éclair. Quand les enfants s'expansent, les choses qui se passent autour d'eux deviennent moins significatives et ils gagnent en conscience et en clarté sur ce qui est. Ils perdent la lourdeur et la contraction du jugement et du tort pour devenir espace. Ainsi, l'enfant voit qu'il n'a pas tort, ni le professeur de mathématique ; c'est juste qu'ils pense et communique différemment. L'enfant saisit qu'il n'a pas besoin de changer qui il est et qu'il pourrait peut-être expliquer dans un langage que le professeur de mathématique comprend, c'est-à-dire les étapes qui l'ont amené à la réponse correcte.

Prendre le problème à l'envers

Souvent, le meilleur moyen d'y arriver est de prendre le problème à l'envers ou de manière non linéaire. Demandez à l'enfant de commencer par la réponse, et de retourner au début du problème mathématique à partir de là. Cela suffit souvent à leur permettre de trouver les mots pour décrire au professeur comment ils sont arrivés à la réponse. Les enfants X-Men ne vont pas d'un point A à un B, puis C et D dans cet ordre. Ils me disent qu'ils prennent un petit peu là, puis un petit peu ici. Leur processus n'est pas logique du point de vue de cette réalité ; pourtant cela fait complètement sens pour eux – et leurs réponses sont correctes. Bien entendu, il faut que le professeur de mathématiques soit prêt à aller au-delà des règles de comment les maths sont censées être enseignées et apprises. Quand les enseignants sont prêts à écouter et à voir ce qui est, ils comprennent souvent.

Outil : Quelle est ta première langue ?

Gary :

J'ai travaillé avec un gamin américain qui avait parlé anglais toute sa vie. Il allait à l'école juive et étudiait l'anglais et l'hébreu. Il avait d'excellentes notes en hébreu et le parlait comme un natif, et il ratait en anglais. Il ne comprenait pas ce qui se passait.

Je lui ai demandé : «Quelle est ta première langue ?» Poser cette question invite les gens à la conscience de ce qu'est leur première langue. Quelquefois, la réponse correcte est que leur première langue ou langage** est l'énergie. D'autres fois, quand quelqu'un ne parvient pas à accéder à une langue spécifique, cette question les invite à prendre conscience de ce qu'était leur première langue parlée.

Il répondit : «L'hébreu.»

Nous avons détruit et décréé tout ce qui ne permettait pas à l'anglais

***

** *NdT Langue et langage s'expriment en anglais par un seul et même mot: language*

d'être comme une première langue pour lui – pas sa première langue, mais *comme* une première langue, où il connaissait toutes les vies où il avait accès à cette information.

Nous avons aussi détruit et décréé toutes les vies dans lesquelles il avait connu l'anglais et été capable d'écrire en anglais et de le parler couramment, y compris toutes les fois où il avait été professeur d'anglais. Cela lui a permis de déblayer toutes les décisions, jugements, conclusions, et points de vue fixes de ces vies concernant le fait de pouvoir parler et écrire en anglais. Et enfin, nous avons détruit et décréé tout ce qui l'empêchait de savoir qu'il pouvait parler et écrire en anglais aussi bien qu'en hébreu. Presque instantanément, il a changé et a commencé à avoir d'excellentes notes en anglais.

Outil : Détruis et décrée tout ce qui...

Vous pouvez aussi apprendre aux enfants à détruire et décréer tout ce qui ne leur permet pas de lire à un rythme de 300 mots par minute et de retenir tout ce qu'ils ont lu — ou tout ce qui ne leur permet pas de percevoir, savoir, être et recevoir la totalité de chaque page instantanément — ou tout ce qui ne leur permet pas de savoir les réponses à un test, d'entrée de jeu. Vous pouvez demander à vos enfants de dire :

> *Tout ce qui ne me permet pas de lire à 300 mots par minute et retenir tout ce que j'ai lu, je détruis et je décrée totalement. Right and Wrong, Good and Bad, POD and POC, All 9, Shorts, Boys, and Beyonds.*

Outil : Aller dans la tête du prof

Quand les enfants étudient pour un examen, faites-leur savoir qu'ils peuvent aller chercher la réponse dans la tête de leur prof. Dites : « Quand tu as un examen, va dans la tête du prof et demande quelle est la bonne réponse selon le professeur. Tu peux aller chercher la réponse dans la tête du prof. »

J'ai fait faire cela à des jeunes et ils m'ont appelé pour me dire : «Merci Gary, j'ai eu un A (la note maximale) à mon test.»

J'ai dit : «Super!» Je connais une jeune femme qui a tout le temps des notes maximales au *Junior College*[***] parce qu'elle va chercher les réponses dans la tête de ses professeurs. Quand elle doit rédiger des dissertations, elle dit : «OK, tout ce que le prof veut que je sache, que je sais, donne-moi ces informations.» Elle commence à écrire sans réfléchir et elle a la note maximale à chaque examen. Il s'agit d'une capacité que nous avons tous. Nous avons la capacité de savoir. Autant s'en servir.

Quand vous reconnaissez les talents des enfants et leur capacité à savoir, ils peuvent avoir de bons résultats à l'école avec plus d'aisance. Ils sont prêts à dire : «OK, je vais aller chercher la réponse dans la tête des gens. Je saurai ceci et je saurai cela.»

Dain :

Je dois vous avouer que la première fois que j'ai entendu Gary expliquer ça, j'ai pensé qu'il disait n'importe quoi. J'avais étudié dur à l'école et j'ai eu mon diplôme avec distinction. Quand j'ai entendu Gary parler de la capacité à aller chercher les informations dans la tête des gens, mon attitude fut : «Allez! C'est pas possible! Tu racontes n'importe quoi!»

Puis j'ai commencé à parler à quelques gamins dans Access Consciousness. J'ai demandé : «Tu as essayé ce truc?»

Ils m'ont dit : «Oui.»

Et j'ai demandé : «Et alors? Ça fonctionne?»

Ils m'ont répondu : «Oui, et l'école, c'est tellement plus facile.» J'ai demandé : «Tu apprends toujours des choses?»

Ils ont dit : «Oui, en fait, j'apprends plus.»

J'ai demandé : «Vraiment? Comment ça?»

Gary :

Ils disent des choses comme : «Je n'ai pas besoin d'essayer de retenir» et

---

[***] *NdT enseignement supérieur de type court*

«Je n'ai pas besoin d'essayer d'engloutir la matière et je ne panique pas avant un examen parce que je sais toujours que j'aurai la réponse.»

Êtes-vous l'une de ces personnes qui a fait ses études en version «J'étudie jusqu'à pas d'heure?» Est-ce que ça fonctionnait pour vous? Vous rappelez-vous et utilisez-vous les informations que vous avez étudiées, ne fût-ce qu'un minimum?

Dain :

J'avais une spécialisation en sciences économiques quand je suis allé à l'université parce que c'était la spécialisation la plus facile que j'avais trouvée. Pour l'un de mes cours d'économie vraiment très ennuyeux, je suis allé trois fois en classe; le premier jour; le jour de l'examen trimestriel et le jour de l'examen final. Sans m'en rendre compte, j'ai fait exactement ce dont Gary parlait. Quand j'étudiais la matière du cours, je demandais «Qu'est-ce que le professeur voudrait que je sache à ce sujet?» Il y avait trois concepts de la matière de tout un semestre qu'il voulait que tout le monde connaisse. Et il se fait que j'ai eu ces trois choses-là.

Gary :

Et il *se fait* que tu as eu ces trois choses-là?

Dain :

Bizarre, hein?

Gary :

Non, ce n'est pas bizarre. Tu as eu ces trois concepts parce que tu as posé la question : «Qu'est-ce que le professeur veut que je sache sur ce sujet?»

Apprenez à vos enfants à poser une question qui leur donnera la conscience de ce qu'ils doivent étudier – et ne pas étudier tout, en pensant qu'ils vont échouer s'ils n'ont pas la réponse voulue.

Outil : Qu'est-ce que je dois savoir de ceci pour réussir le test ?

Voici un autre outil que vous pouvez apprendre à vos enfants quand ils étudient : Qu'est-ce que je dois savoir de ceci pour réussir le test ? Quand vous utilisez cet outil, à mesure que vous lisez, tout d'un coup, vos yeux vont se focaliser sur la chose que vous devez savoir et vous allez dire : « OK ! C'est ça que je dois retenir. »

Dain :

Posez simplement cette question : « Qu'est-ce que je dois savoir de ceci ? » En lisant la matière, votre cerveau prendra et stockera l'information dont vous avez besoin pour réussir le test. C'est ainsi que fonctionne votre cerveau. Vous posez une question et votre cerveau dit : « Je suis là pour te servir. »

Gary :

Quand vous, l'être, posez une question, vous êtes capable de savoir exactement ce que vous devez savoir.

Dain :

C'est un élément de ce truc de « Demandez et vous recevrez. »

Outil : Qu'est-ce que le prof veut que j'écrive dans cette dissertation ?

Gary :

J'ai parlé à une mère dont la fille avait le TDAH. La jeune fille devait rédiger une dissertation et elle l'avait écrite dans sa tête, mais n'arrivait pas à la mettre sur papier.

J'ai dit à sa mère : « Dis à ta fille de demander : "Qu'est-ce que le prof veut que j'écrive dans cette dissertation ?" Dis-lui de poser la question et puis de lâcher son point de vue à elle et de simplement se mettre à écrire. Elle découvrira qu'elle en sait bien plus que ce qu'elle pense et tout y sera. Ce sera facile. »

Dain :

C'est un outil très utile pour les gamins qui ont du mal à rédiger des dissertations. Il leur faudra peut-être répéter plusieurs fois la question en écrivant, mais chaque fois qu'ils poseront la question, le processus deviendra de plus en plus simple.

Gary :

Vous pouvez aussi tricher en puisant dans la tête du prof en demandant ce que le prof sait que vous pouvez savoir.

Dain :

Quand nous disons «Triche à l'école», nous voulons dire tricher à partir de la conscience. Ne trichez pas à partir de l'inconscience.

Gary :

Ne copiez pas le travail de quelqu'un d'autre, parce que si vous le faites, vous aurez la mauvaise réponse. Demandez plutôt ce que le prof sait que vous devez écrire. Ou demandez : «Quelle est la réponse que donnent tous les enfants qui connaissent la bonne réponse ?»

Si un enfant qui a un TOC a un copain dans la classe qui est sur sa longueur d'onde, l'enfant qui a un TOC va écrire la même réponse que son copain, même si c'est faux. Cela arrive tout le temps. Et bien sûr, on les accuse de tricher. Mais ce n'est pas tricher.

Je parlais au frère cadet du garçon qui excellait en hébreu, mais qui réussissait moins bien en anglais. Son frère a récemment commencé l'école hébraïque et il avait du mal avec cela. Je lui ai dit : «Tout ce que tu as à faire, c'est penser à ton frère et les mots hébreux viendront.»

Je lui ai aussi donné un processus qu'il pouvait faire :

Tout ce qui ne me permet pas d'aller chercher tout l'hébreu que mon frère connait sans devoir le lire et tout ce qui ne me permet pas d'aller puiser dans son cerveau pour obtenir l'information que je désire, je détruis et décrée tout cela. Right and Wrong, Good and Bad, POD and POC, All 9, Shorts, Boys, and Beyonds.

Faire la lecture aux enfants

Lire tout haut aux enfants est un excellent moyen d'améliorer leur maîtrise linguistique. Quand vous lisez tout haut des livres à des enfants autistes, ils commencent à parler et à lire différemment. Toutefois, la façon dont vous lisez pour eux maintenant est trop lente pour eux. Vous ne pouvez pas lire un livre mot après mot. Vous devez leur télécharger toute la page et passer rapidement d'une page à l'autre.

En d'autres termes, vous lisez le livre avec la conscience que vous avez la capacité à *penser* tous les sons de la page. Avez-vous déjà remarqué que vous pouvez penser plus rapidement que vous ne parlez? C'est de cela que je parle. Quand vous lisez pour votre enfant, pensez simplement que vous dites tous les mots de la page tout haut et tournez les pages jusque un peu plus lentement que ce que ferait votre enfant (qui est généralement très rapide). C'est comme si vous lui lisiez sans parler. Donnez à votre enfant l'image et les mots exactement de la même façon. Voici comment ouvrir les portes de la communication.

J'ai suggéré ceci à une maman dont le fils, qui, à huit ans, parlait à peine.

Trois semaines plus tard, elle m'a appelé en me disant : « Mon fils lit. Plus même, il parle en phrases complètes pour la première fois de sa vie. »

Tout ce qu'elle avait fait, c'était de tourner les pages du livre au même rythme que lui, en lui donnant le téléchargement de ce que ça serait si elle lisait tout haut, mais à la vitesse qui lui permettrait de capter. Boum! Boum! Boum! En huit semaines, il faisait des phrases complètes.

Avez-vous déjà suivi un cours de lecture rapide? La cible est de vous permettre de lire toute une page en une fois de sorte que vous puissiez littéralement feuilleter le livre en voyant tout ce que les pages contiennent. À la fin du livre ou du chapitre, vous saurez tout. C'est ainsi que font les enfants autistes.

Dans ces cours de lecture rapide, ils commencent par vous faire aller très lentement de haut en bas, alors faites cela. Puis, augmentez votre vitesse au fur et à mesure que vous vous y faites. Ou bien, vous pourriez jouer en commençant le livre par la fin, page par page et voyez ce qui se passe. Il y a beaucoup de choses différentes avec lesquelles vous pouvez jouer et voyez les résultats possibles. Nous devons effectuer un peu plus de recherches de cette approche, car nous n'avons eu la possibilité de travailler qu'avec quelques enfants.

Anne :

Une de nos amies, adulte, nous a récemment raconté qu'elle n'avait jamais pu lire de gauche à droite ou de haut en bas. Elle disait : «Au lieu de cela, je reçois l'énergie des mots que mes yeux ont besoin de voir. Ils ressortent de la page et ils se montrent littéralement à moi.»

Gary lui a dit : «Ce sont toutes les choses que tu as besoin de savoir. Et si tu te demandais : "Qu'est-ce que cette page me dit?"»

Je sais que ce dont nous parlons ici peut sembler étrange ou «anormal». Devinez quoi? Ça l'est! Et, devinez quoi encore? Ça fonctionne! Même si vous n'êtes pas très à l'aise avec tout ceci, en tout ou en partie, essayez de faire quelque chose de différent. Vous pourriez bien être surpris des changements que vous et votre enfant créez.

24

Nous avons toutes les capacités qu'ont les X-Men

Nous nous sommes concentrés sur les X-Men et leurs capacités, mais vous fonctionnez aussi ainsi. Nous avons tous ces capacités, mais si nous ne les reconnaissons pas, nous créons une limitation de nous-mêmes. Nous essayons de nous linéariser pour nous fondre dans la normalité de cette réalité.

~ Gary Douglas

Gary :

Les X-Men et leurs capacités ont été notre point focal dans ce livre, et nous en avons parlé abondamment, mais nous aimerions souligner que vous avez aussi ces capacités, même si vous ne le réalisez pas encore. Nous avons tous les capacités qu'ils ont. Vous avez peut-être beaucoup de points de vue fixes sur les choses que vous pensez ne pas pouvoir changer. Eh bien, nous sommes là pour vous dire que vous pouvez y faire quelque chose.

Combien de décisions, jugements et conclusions avez-vous à propos de ce que sont le TDA, TDAH, l'autisme et le TOC ? Avez-vous conclu qu'ils sont une mauvaise chose ou une limitation ? Ou qu'il n'y a pas de solution à cela ? Tout ceci, allez-vous s'il vous plaît détruire et décréer pour que vous

puissiez voir une possibilité différente ? Right and Wrong, Good and Bad,
POD and POC, All 9, Shorts, Boys, and Beyonds.

Anne :

Si vous lisez ce livre, il y a des chances que vous ayez des talents et capacités et une conscience qui va bien au-delà de votre esprit cognitif.

Et si vous étiez bien plus médium et conscient que ce que vous ne voulez bien admettre ?

Combien de fois avez-vous pensé à quelqu'un et cette personne vous a appelé ou envoyé un email juste après ? Ou bien vous l'avez vue et vous dites : « Oh, je pensais justement à toi ! »

Combien de fois avez-vous su exactement ce que quelqu'un était sur le point de dire avant qu'il le dise ?

Pensez-vous plus vite que vous ne parlez ?

Avez-vous déjà su à l'avance ce qui allait se passer, et puis, ça s'est passé ?

Avez-vous déjà demandé à l'univers de vous aider pour avoir de l'argent pour quelque chose que vous vouliez vraiment – et il l'a fait ?

Quand vous étiez à l'école, est-ce que vos professeurs écrivaient dans vos bulletins : « N'est pas à la hauteur de son potentiel. » ou « Ne finit pas le travail commencé. » ou « À des difficultés à se concentrer » ou « Est impulsif – pique des crises » ?

Quelqu'un vous a-t-il déjà taxé de bizarre ?

Avez-vous désespérément essayé de vous intégrer et puis vous avez renoncé et vous êtes résigné à une vie où vous étiez celui qui rit au mauvais moment, qui fait des commentaires qui réduit un groupe au silence, qui s'habille « de manière inappropriée » (même si en fait il s'avère que vous êtes envié par tous ceux qui rêvent de s'habiller comme vous mais n'ont jamais eu le courage de le faire) ?

Vous jugez-vous sans relâche d'être si différent ?

L'ennui vous rend-il dingue, à moins que vous ne soyez en mouvement, soyez en train d'apprendre de nouvelles choses ou de créer au-delà de ce qui est considéré comme acceptable ?

Combien de livres lisez-vous en même temps ?

Et s'il n'y avait rien qui clochait chez vous ? Et si différent était simplement différent et pas un tort ? Y a-t-il un moyen d'utiliser cette différence à votre avantage ? À quoi cela ressemblerait-il ?

Vous demandez-vous parfois pourquoi les gens disent une chose alors qu'ils veulent clairement en dire une autre ?

Vous demandez-vous parfois comment certaines personnes peuvent être si méchantes et s'en tirer à bon compte ? Et qu'en est-il de tous les gentils qui sont si mal traités ?

Avez-vous parfois l'impression que votre tête va exploser en voyant toute l'insanité que tout le monde semble trouver normale ?

Avez-vous jamais pu rester tranquille ? Ne fût-ce qu'une seule fois ?

Êtes-vous jamais parvenu à ralentir votre esprit ? Ne fût-ce qu'une seule fois ?

Êtes-vous jamais parvenu à avoir une seule pensée à la fois dans la tête ? Ne fut-ce qu'une seule fois ?

Avez-vous toujours eu un don avec les animaux ou les enfants ? Êtes-vous la personne dont ils savent qu'ils peuvent compter sur vous ?

Si vous êtes enseignant ou si vous travaillez dans le système scolaire, êtes-vous la personne que les enfants se réjouissent de retrouver ?

Que vous soyez parent ou non, êtes-vous la personne vers qui les enfants vont ?

Avez-vous toujours su qu'autre chose était possible, dont on ne connaît pas encore le *quoi* ou le *comment* ?

Voici quelques outils que vous pouvez utiliser pour puiser dans ce que vous savez effectivement :

Outil : énergie, espace et conscience

Demandez :

> *Quelle énergie, espace et conscience mon corps et moi pouvons-nous être qui*
> *nous permettrait d'être l'énergie, l'espace et la conscience que nous sommes*
> *vraiment, à l'école, à la maison, avec les enfants, au travail, où que nous*
> *soyons ? Tout ce qui ne permet pas cela, je détruis et je décrée totalement.*
> *Right and Wrong, Good and Bad, POD and POC, All 9, Shorts, Boys, and*
> *Beyonds.*

Mon amie Trina pose cette question avant d'entrer en classe. Elle dit que, quel que soit l'état de chaos ou d'agitation des enfants, ils se calment en une minute ou deux et la classe devient paisible.

Outil : sortir du jugement

Chaque fois que vous vous surprenez à vous juger, ou à avoir un point de vue sur ce que quelqu'un devrait ou ne devrait pas faire, POD et POC cela totalement. Dites :

> *Tout ceci, je le détruis et décrée totalement. Right and Wrong, Good and*
> *Bad, POD and POC, All 9, Shorts, Boys, and Beyonds.*

Il n'est pas nécessaire de définir « ceci ». Vous avez l'énergie de la densité d'une limitation, et sans l'étiqueter, vous pouvez la détruire et décréer totalement.

Outil : Choisis

Vos choix ne sont pas éternels. Si vous faites un choix et que cela ne fonctionne pas, vous pouvez choisir autre chose. Par exemple, si vous choisissez d'emmener votre enfant au cinéma et il devient vite clair qu'il ne pourra pas rester assis pendant tout le film, vous pouvez choisir autre chose. Si vous vous retrouvez en colère ou effrayé, vous pouvez faire un autre choix, comme poser une question du style : « À qui ça appartient ? » ou utilisez la formule de déblayage.

Outil : De quoi suis-je conscient ?

Demandez : De quoi suis-je conscient que je ne reconnais pas ? C'est une merveilleuse question à poser quand vous vous sentez triste, préoccupé ou en colère.

Outil : Qu'est-ce que je sais ?

Quand vous commencez à penser, analyser, chercher des réponses ou quand vous essayez de comprendre les choses, demandez : Qu'est-ce que je sais que je fais semblant de ne pas savoir ? Vous serez surpris de ce qui émerge. Il y a des chances que cela ne sera ni logique ni linéaire et que cela ne ressemblera en rien à ce que vous pensiez que ça serait. Faites confiance à ce que vous savez, même si cela ne fait aucun sens !

Épilogue

Anne :

L'échange qui suit entre Gary, Dain et Crystal, une jeune fille autiste qui avait à l'époque dix-sept ans, s'est déroulé durant une récente classe Access Consciousness.

Crystal (parlant par saccades) : Je m'appelle Crystal... (le souffle court) Je suis autiste... et j'ai eu la chance... de grandir dans une famille super intuitive... Je n'avais pas vraiment besoin de parler... Et en gros, je ne parlais pratiquement pas... C'est grâce à ma grand-mère qui a remarqué et rapporté à ma mère « Tu dois lui apprendre à parler », que je suis capable de parler... (longue pause)... Je dois vous remercier les gars, parce que depuis Access... ma vie a vraiment changé... Je sors... J'ai des amis... J'ai une vie... Je commence à vraiment fonctionner

Gary : Yeah !

(Rire doux et « yeah » de l'assistance)

Crystal : Mais il y a encore des fois où...

Gary : Ta mère pleure...(rires)... Elle est heureuse pour son enfant...

Crystal (le souffle court) : ...Il y a encore des fois où, je me fige... je n'arrive tout simplement pas à pouvoir parler dans certaines situations... ou fonctionner...

Gary (avec une grande gentillesse) : Est-ce que je peux te dire quelque chose ? (Crystal acquiesce)

Gary : Tu as des capacités extrêmes, pas des incapacités, alors ton incapacité à parler n'a peut-être rien à voir avec toi. C'est peut-être l'incapacité des autres à entendre.

(Crystal reprend audiblement sa respiration.) (L'assistance applaudit.)

Dain : Alors, j'ai une question... Est-ce que l'espagnol est ta première langue ?

Crystal (sans hésitation) : Je n'ai pas de première langue. (Rires de l'assistance.)

Dain : Au contraire…

Gary : C'est ta première langue. La conscience est ton premier langage.

Participant à la classe : Elle parle aussi mandarin, espagnol et anglais.

Crystal (souriant doucement) : et un peu de danois et de japonais.

Gary : Tu vois ce que je veux dire ? Des capacités extrêmes. Je parviens à peine à parler espagnol et un peu anglais.

Crystal (parlant lentement) : Ma question est… Comment gérer ces situations ?

Gary : En reconnaissant que quand tu ne peux pas parler c'est parce que les gens ne peuvent pas t'entendre. Ce n'est pas parce que tu ne peux pas parler. Et tu le sais. Tu as un niveau de conscience que peu de gens sur cette planète auront jamais et il faut que tu sois prête à reconnaître cela. Cela te donnera la liberté de savoir quand parler et quand ne pas parler.

Crystal : Y a-t-il quoi que ce soit que je puisse faire alors, dans ces situations… quand les gens ne peuvent pas recevoir ?… Je ne veux pas passer pour grossière… juste en ne répondant pas aux gens.

Gary : Tout ce que tu as à dire, c'est : «Je suis désolée, je ne peux pas répondre maintenant.» ou «Je vous recontacterai à ce sujet» ou «Vous savez quoi ? Je dois y réfléchir. Donnez-moi un jour ou deux.» Entre temps, ils auront oublié et tu seras tirée d'affaire. Tu dois apprendre les répliques.

Crystal (en riant) : Merci.

Anne : Crystal étudie maintenant à l'université au Japon.

Que signifient les mots de la formule de déblayage ?

La formule de déblayage d'Access Consciousness est comme une baguette magique. Avez-vous jamais eu envie de pouvoir changer les choses simplement en demandant à ce qu'elles changent ? C'est ce que fait la formule de déblayage.

~ Gary Douglas

Right and Wrong, Good and Bad, POD and POC, All 9, Shorts, Boys, and Beyonds.

Right and Wrong, Good and Bad est un raccourci pour : qu'est-ce qui est juste, bon, parfait et correct à ce sujet ? Qu'est-ce qui est faux, mauvais, horrible, mesquin, vicieux, mal et terrible à propos de cela ? La version courte de ces questions est : qu'est-ce qui est juste et faux, bon et mauvais ? Ce sont les choses que nous jugeons justes, bonnes, parfaites et/ou correctes qui nous bloquent le plus. Nous ne souhaitons pas les laisser partir puisque nous avons décidé qu'elles nous conviennent.

POD représente le Point de Destruction ; toutes les façons dont vous vous êtes détruit afin de maintenir ce que vous êtes en train de déblayer.

POC représente le Point de Création des pensées, sentiments et émotions précédant immédiatement décision votre verrouiller l'énergie en place.

Parfois, les gens disent : « POC et POD », qui est simplement un raccourci pour la déclaration plus longue. Quand vous « POC et PODez » quelque chose, c'est comme tirer la carte inférieure d'un château de cartes. Tout s'écroule.

All 9 représente les neuf façons dont nous créons cet élément comme une limitation dans notre vie. Ce sont les couches de pensées, de sentiments, d'émotions et de points de vue qui créent une limitation solide et réelle.

Shorts est la version courte d'une série beaucoup plus longue de questions qui inclut : Qu'est-ce qui est significatif ici ? Qu'est-ce qui n'a pas de sens ici ? Quelle est la punition pour ceci ? Quelle est la récompense pour ceci ?

Boys représente des structures énergétiques appelées sphères nucléées. Fondamentalement, cela a trait à ces domaines de notre vie où nous essayons continuellement de traiter quelque chose sans résultat. Il y a au moins treize types différents de ces sphères, appelés collectivement « les gars ». Une sphère nucléée ressemble aux bulles créées lorsque vous soufflez dans une pipe à bulles à plusieurs chambres avec laquelle jouent les enfants. Cela crée une énorme masse de bulles, et lorsque vous éclatez une bulle, les autres bulles remplissent cet espace.

Avez-vous déjà essayé d'éplucher les couches d'un oignon pour essayer d'aller au cœur d'un problème, mais sans jamais y arriver ? C'est parce que ce n'était pas un oignon, mais une sphère nucléée.

Les *Beyonds* sont des sentiments ou des sensations qui arrêtent votre cœur, arrêtent votre respiration, ou arrêtent votre volonté de voir les possibilités. Les Beyonds (les au-delàs) c'est ce qui se produit lorsque vous êtes en état de choc. Nous avons beaucoup de domaines dans notre vie où nous nous figeons. Chaque fois que vous vous figez, c'est un au-delà qui vous retient captif. La difficulté avec un au-delà, c'est qu'il vous empêche d'être présent. Les au-delàs comprennent tout ce qui est au-delà de la croyance, de la réalité, de l'imagination, de la conception, de la perception, de la rationalisation, du pardon, ainsi que tous les autres au-delàs. Ce sont généralement des sentiments et des sensations, rarement des émotions, et jamais de pensées.

CPSIA information can be obtained
at www.ICGtesting.com
Printed in the USA
LVHW040027181121
703622LV00011B/250

9 781634 933070